풀수록 똑똑해지는
곤충 퀴즈 백과 100

신기한 생각 연구소 지음 | 구연산 그림

바이킹

머리말

안녕, 친구들~!
곤충을 얼마만큼 좋아하나요? 좋아하는 만큼 많이 알고 있나요? 수수께끼, 초성 퀴즈, 선 잇기 등 다양한 퀴즈를 맞히면서 곤충 지식을 테스트 해 보세요!

낙엽 더미에 숨은 낙엽사마귀, 나무줄기에 붙은 대벌레처럼 감쪽같이 의태하는 곤충도 찾아낼 수 있나요? 사마귀, 귀뚜라미, 여치를 보고 구별할 수 있나요? 갖춘탈바꿈과 안갖춘탈바꿈은 어떻게 다른지 사슴벌레와 잠자리의 한살이를 통해 살펴봐요.

물장군, 물땡땡이, 물방개처럼 물에 사는 수서 곤충도 만나 보세요. 붉은점모시나비, 소똥구리 등 멸종 위기 야생 생물과 코끼리장수풍뎅이, 장수잠자리, 장수말벌 등 무시무시한 곤충의 이야기까지 담겨 있어요. 신기하고 재미난 곤충 퀴즈 속으로 떠나요!

문제

문제를 차근차근 읽고 정답을 맞혀 보세요. 문제 페이지를 넘기면 정답이 있습니다. 헷갈리는 문제가 나오면 다른 문제를 먼저 풀어도 좋아요. 행운을 빌어요!

곤충의 몸은 크게 세 부분으로 나뉘어요. 몸, 가슴, 배로 나뉘지요. 그렇다면 곤충의 더듬이와 다리는 몇 개씩 있을까요? 더듬이는 ☐개, 다리는 ☐개가 있어요. 빈칸에 들어갈 숫자는 무엇일까요?

① 1, 4 ② 2, 6 ③ 2, 8

문제 2 수수께끼

아래 사진은 어떤 곤충이 지은 집의 모양일까요? 곤충의 이름을 맞혀 보세요.

_____

힌트
1. 방을 육각형으로 지어요.
2. 긴 혀로 꿀을 빨아 먹어요.

  **2, 6**

곤충은 더듬이 2개(한 쌍), 다리 6개(세 쌍)를 가지고 있어요. 더듬이는 냄새를 맡거나 소리를 들어요. 후각, 청각뿐만 아니라 촉각 역할도 해서 앞 물체를 더듬어 무엇인지 알아내는 중요한 감각 기관이랍니다.

다리 개수는 곤충임을 구별하는 아주 중요한 조건이에요. 개미와 달리 다리가 8개인 거미는 절지동물이지요. 절지동물로는 게, 새우, 지네 등이 있어요.

개미

거미

거미 다리는 8개!
곤충이 아니라
절지동물이야!

정답 2 꿀벌

꿀벌은 긴 혀로 꽃의 꿀을 빨아 먹어요. 혀에는 1만 개나 되는 억센 털이 나 있어요. 이 털 덕분에 꿀을 모을 수 있지요. 꿀은 위에 보관했다가 집에서 토해 내요.

몸에 묻은 꽃가루를 모아 뒷다리에 있는 꽃가루 바구니에 잠시 보관해요. 꽃가루도 집으로 가져가 열심히 저장해 두지요.

꿀벌 덕분에 꽃가루받이를 하는 식물이 전 세계에 4만여 종이 됩니다. 꿀벌이 사라진다면 식물들이 열매를 맺지 못해 멸종하고 말 거예요.

꽃가루 바구니

사슴풍뎅이는 사슴벌레와 장수풍뎅이를 둘 다 닮은 신기한 생김새예요. 멋진 뿔과 옆으로 뻗은 기다란 다리가 특징인데요. 사슴풍뎅이는 천적을 만나면 ☐☐를 흔들어요. 빈칸에 들어갈 단어는 무엇일까요?

 다리 머리 날개

그림자 퀴즈

이 곤충은 싸움을 잘해서 '곤충의 왕'이라는 별명이 있어요. 이 그림자의 주인공은 누구일까요?

  **다리**

사슴풍뎅이 어른벌레는 6월에 자주 볼 수 있어요. 낮에 나무에서 짝짓기를 하는 모습도 볼 수 있지요. 사슴풍뎅이는 천적을 만나면 앞다리를 위로 든 다음 크게 흔들어요. 암컷과 짝짓기 중에 다른 수컷이 다가오면 앞다리로 쫓아내기도 하지요.

아래 사진은 사슴풍뎅이 수컷이에요. 암컷은 갈색이 아닌 검은색을 띠어요.

장수풍뎅이

장수풍뎅이는 사슴벌레와 생김새가 정말 비슷해요. 장수풍뎅이 수컷은 머리에 긴 뿔이 나 있어요. 사슴벌레는 양쪽으로 날카로운 턱이 나 있어요. 장수풍뎅이와 사슴벌레는 뿔과 턱의 차이로 구별할 수 있지요.

세계에서 제일 큰 장수풍뎅이는 헤라클레스왕장수풍뎅이로 크기가 18센티미터가 넘는다고 해요.

OX 퀴즈

1. 반딧불이가 내는 불은 만지면 뜨거워요!

2. 반딧불이는 알, 애벌레, 번데기일 때도 불을 낼 수 있어요.

내가 반딧불이 애벌레!

보기 퀴즈

이 중에 사마귀가 먹지 않는 것이 있어요. 무엇인지 골라 보세요!

① **죽어 있는 것**
② **메뚜기**
③ **나비**

배고픈데···.

정답 5

1. X, 2. O

1. 반딧불이가 내는 불은 뜨겁지 않아요. 1도보다도 낮은 온도인 40만 분의 1도이기 때문이에요.

---

2. 반딧불이는 알, 애벌레, 번데기, 어른벌레까지 모두 빛을 낼 수 있어요. 수컷 어른벌레는 짝짓기할 암컷을 찾기 위해 빛을 내요. 알과 애벌레는 천적에게 자신에게 독이 있다고 알리기 위해서 빛을 내지요. 반딧불이 수컷은 몸에 '루시부파긴'이라는 독이 있답니다.

애벌레

① 죽어 있는 것

사마귀는 육식 곤충으로 공격성이 강해요. 특히 살아서 움직이는 곤충만 먹어요. 이미 죽은 것은 거들떠보지도 않아요. 사마귀는 메뚜기나 잠자리, 나비, 작은 개구리까지 먹어요. 자신보다 더 큰 먹잇감도 마다하지 않지요.

사마귀는 머리를 180도 돌릴 수 있어 시야가 넓어요. 먹잇감을 보면 앞발로 순식간에 먹이를 낚아채요. 곤충계의 사냥꾼, 사냥의 명수라고 불릴 만하지요?

선 잇기

곤충에 대한 알맞은 설명을 찾아 선으로 이어 보세요.

거미

- 몸이 두 부분으로 나뉘어요.

- 다리가 여섯 개예요.

개미

- 몸이 세 부분으로 나뉘어요.

- 다리가 여덟 개예요.

아래 사진과 초성 힌트를 보고 곤충의 이름을 맞혀 보세요.

힌트

1. 하늘소 중에 가장 큰 하늘소예요.
2. 긴 더듬이가 특징이에요.
3. 가슴에 노란색 점들이 있어요

정답 7

거미와 개미의 가장 큰 차이점은 바로 거미는 절지동물, 개미는 곤충이라는 점이에요.

거미는 절지동물로 다리가 8개, 몸이 머리가슴과 배로 나뉘어요. 절지동물에는 지네, 노래기, 게, 새우 등이 있습니다. 곤충은 다리가 6개, 몸이 머리, 가슴, 배 이렇게 세 부분으로 나뉘어요.

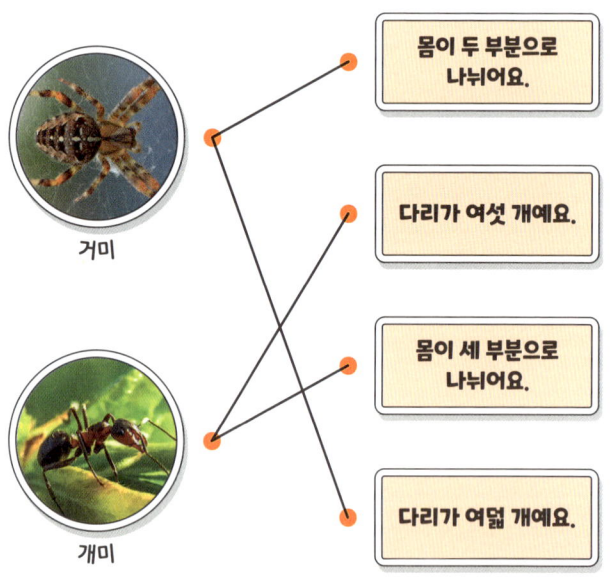

정답 8 장수하늘소

장수하늘소 수컷이 다 자라면 12센티미터 정도가 돼요. 하늘소 중에서 크게 자라는 종이지요. 또 하늘소 중에서 가장 오래된 종으로 알려져 있어요. 장수하늘소는 1968년에 천연기념물 제218호로 지정된 곤충이에요. 개발 등으로 서식지가 사라지면서 멸종 위기 야생 생물 1급으로 지정되었어요.

같은 하늘솟과인 알락하늘소는 몸에 흰 점이 나 있는 것이 특징이에요. 나무뿌리에 알을 낳아 농가에 피해를 주곤 합니다.

보기 퀴즈

이 중 맞는 말은 무엇일까요?

① **뛰어야 벼룩**
② **뛰어야 개미**
③ **뛰어야 파리**

보기 퀴즈

이 장수풍뎅이는 태국을 대표하는 장수풍뎅이라고 불려요. 머리와 가슴에 뿔이 다섯 개나 달린 장수풍뎅이의 이름은 무엇일까요?

① 삼각뿔 장수풍뎅이
② 오각뿔 장수풍뎅이
③ 팔각뿔 장수풍뎅이

 **뛰어야 벼룩**

벼룩은 몸길이가 2~4밀리미터로, 아주 작아요. '뛰어야 벼룩'이라는 말은 도망쳐 봐야 크게 벗어날 수 없다는 뜻이에요. 사실 벼룩은 자기 키의 200배가 넘는 높이만큼 뛸 수 있어요. 벼룩의 뒷다리는 세 가지 근육이 있는데, 펴는 근육, 접는 근육, 방아쇠 근육이 있어요. 이 근육들을 이용해 아주 높이 뛸 수 있답니다.

② 오각뿔 장수풍뎅이

정답 10

뿔이 다섯 개나 달린 오각뿔 장수풍뎅이는 태국뿐 아니라 필리핀, 인도 등 주로 동남아시아에서 살아요. 아래쪽에 달린 뿔 하나는 다른 뿔보다 길게 자라요. 아래에서 위로 향한 뿔은 마치 활 같기도 해요.

유럽 남방 장수풍뎅이

멋진데?

오각뿔 장수풍뎅이

훗, 알아!

보기 퀴즈

이 곤충은 입이 길쭉해요. 곤충의 이름은 무엇일까요?

1. 밤바구미
2. 쌀바구미
3. 왕바구미

힌트

1. 밤 안에 알을 낳아요.
2. 검은 두 눈 사이로 입이 있어요.

보기 퀴즈

이 개미는 몸에 꿀을 보관해요. 개미의 이름은 무엇일까요?

1. **꿀단지개미**
2. **방구개미**
3. **엉덩이개미**

엉덩이가 큰 거 같은데?

정답 11

① **밤바구미**

밤바구미는 딱정벌레목 바구밋과에 속하는 곤충이에요. 긴 주둥이가 특징이지요. 주로 8~9월 더운 여름에 자주 볼 수 있어요. 밤바구미는 밤나무를 갉아 먹고 안에 알을 낳아요. 밤을 먹다가 안에 벌레가 있었다면 밤바구미 애벌레였을 확률이 높아요! 밤 농사를 망치는 주범이에요!

 ## 꿀단지개미

꿀단지개미는 배에 꿀을 보관하기 때문에 이런 이름이 붙었어요. 개미집 천장에 거꾸로 매달려 꿀을 저장해요. 먹이가 부족해지면 일개미에게 꿀을 나눠 줘요. 꿀단지개미는 주로 건조한 곳에서 살기 때문에, 이렇게 몸속에 꿀을 저장하는 개미로 진화한 것으로 보여요.

방구개미와 엉덩이개미는 존재하지 않는 개미예요!

초성 퀴즈

아래 사진과 초성 힌트를 보고 곤충의 이름을 맞혀 보세요!

ㄴ ㅇ ㄴ ㅂ

> **힌트**
>
> 1. 이 나방의 고치를 '누에고치'라고 해요.
> 2. 뽕잎을 먹고 살아요.
> 3. 영어로는 'silk moth'라고 해요.

선 잇기

아래 번데기방 그림과 곤충 사진을 보고 번데기방의 주인을 알맞게 선을 이어 보세요!

가로 번데기방

세로 번데기방

정답 13 누에나방

누에나방의 더듬이를 자세히 보세요. 머리를 빗는 빗 같지 않나요? 더듬이가 빗살 모양인 것이 누에나방의 특징이에요.

누에나방은 수명이 일주일 정도로 짧아요. 그래서일까요? 누에나방은 어른벌레가 되면 입이 퇴화되어 먹이를 먹을 수 없어요.

누에나방 애벌레

누에나방 고치

정답 14

사슴벌레와 장수풍뎅이가 3령 애벌레가 되면 스스로 번데기방을 만들어요. 사슴벌레는 가로로, 장수풍뎅이는 세로로 번데기방을 만들어요. 장수풍뎅이는 뿔이 커질 공간이 필요하기 때문에 번데기방을 세로로 만들어요.

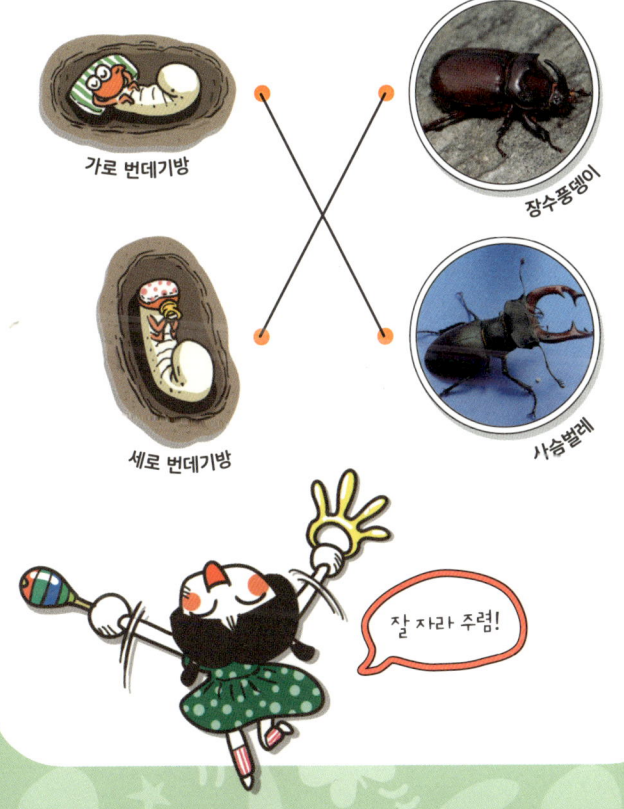

잘 자라 주렴!

보기 퀴즈

이 잠자리의 이름은 무엇일까요?

1. **고추장잠자리**
2. **간장잠자리**
3. **된장잠자리**

힌트는 구수한 냄새!

보기 퀴즈

등산할 때 산길에서 쉽게 볼 수 있는 곤충이에요. 바로 앞에서 날고 뛰어가는 모습이 길을 안내하는 것 같다고 해서 이런 이름이 지어졌어요. 이 곤충의 이름은 무엇일까요?

① **길앞잡이**
② **노린재**
③ **쥐며느리**

길을 안내한다라….

 **된장잠자리**

된장잠자리라니! 이름부터 참 구수한 냄새가 날 것 같아요. 물론 냄새는 나지 않아요. 대신 몸이 된장처럼 누런 갈색이지요. 된장잠자리의 특이한 점은 바다를 건너 대륙 사이를 오간다는 거예요. 열대 지방이 서식지인 된장잠자리는 우리나라, 미국 등 다양한 곳에서도 발견돼요.

고추잠자리, 고추좀잠자리는 있지만 고추장잠자리나 간장잠자리는 없답니다.

① 길앞잡이

딱정벌레목에 속하는 길앞잡이는 몸이 화려해요. 붉은색, 초록색이 섞여서 '비단길앞잡이'라고도 합니다. 길앞잡이는 잘 날아다닐 뿐만 아니라 빠르게 달릴 수도 있어요. 시속 8킬로미터 속도로 달린다고 해요. 정말 빠르지요?

 길앞잡이는 육식 곤충으로 주변에 보이는 움직이는 것들을 다 먹으려고 해요. 다리가 빠르고 싸움도 잘해서 '곤충계의 호랑이'라는 별명이 있어요. 영어 이름도 타이거 비틀(Tiger Beetle)이에요.

 O X 퀴즈

꼬마장수말벌은 장수말벌보다 커요.

O X

보기 퀴즈

이 곤충은 위협을 느끼거나 방어할 때 고약한 냄새를 내뿜어요. 이 곤충은 무엇일까요?

① **바퀴벌레**

② **길앞잡이**

③ **노린재**

X

꼬마장수말벌은 장수말벌보다 작아요.

꼬마장수말벌도 말벌속에 속한 곤충이지만 그중에서 가장 약하답니다. 하지만 쌍살벌 같은 작은 곤충에게는 무시무시한 포식자예요. 벌집 속 애벌레를 꺼내 먹는다고 해요.

장수말벌은 가장 큰 말벌이에요. 장수말벌의 독에 쏘이면 자칫 죽을 수도 있어요. 장수말벌은 집을 땅속에 지어서 사람이 자칫 밟아서 쏘이는 사고가 해마다 일어나요. 8~10월에 산에 가면 특히나 조심해야 합니다.

장수말벌

  노린재

노린재는 노린재목에 속하는 곤충이에요. 학교, 집, 나무 주변에서 흔히 볼 수 있지요. 노린재는 거미나 새 같은 포식자에게서 벗어나기 위해 지독한 냄새를 뿜어요. 노린재는 300여 종이 넘게 서식해요. 종 수가 많은 만큼 검은 색깔을 띠는 노린재부터 풀색, 형광 초록색을 띠는 노린재까지 다양하지요.

광대노린재

풀잠자리

이름찾기 퀴즈

흩어진 글자 중에서 아래 사진 속 곤충의 이름을 찾아보세요. 곤충의 이름은 무엇일까요?

장 미 송 곤 충 개
　벌 송 곤 충 레

힌트

1. 동물 사체를 먹고 살아요.
2. 숲속의 청소부라는 별명이 있어요.

보기 퀴즈

이 곤충은 네 다리로 빠르게 움직이며 땅 먼지를 일으킨다고 해서 이런 이름이 붙었어요. 이름을 골라 보세요.

① **먼지벌레**
② **청소벌레**
③ **가루벌레**

정답 19 송장벌레

송장벌레는 자연에서 죽은 동물의 사체를 분해하는 역할을 해요. 사체가 쉽게 썩지 않도록 장내 세균과 분비물을 발라요. 그리고 사체에 알을 낳아 애벌레를 키운대요. 송장벌레가 없었다면 숲은 온갖 동물 사체 썩는 냄새가 진동했을지도 몰라요!

 **먼지벌레**

먼지벌레는 숲뿐만 아니라 도시에서도 쉽게 볼 수 있는 곤충이에요. 천적에게 잡히면 냄새를 내뿜어요. 잠깐! 독가스를 내뿜는 폭탄먼지벌레와는 다른 종이에요.

청소벌레와 가루벌레는 존재하지 않는 곤충이랍니다. 청소해 주는 벌레가 있으면 좋긴 하겠지요?

보기 퀴즈

내 이름은 여러 개로 불려. 이 중 내 이름이 아닌 게 있어. 무엇일까?

① **소똥구리** ② **쇠똥구리**
③ **말똥구리** ④ **개똥구리**

곤충에 대한 알맞은 설명을 찾아 선으로 이어 보세요.

집을 호리병 모양으로 만들어요.

벌 중에 가장 몸집이 커요.

땅속에 집을 지어요.

④ 개똥구리

소똥구리, 쇠똥구리, 말똥구리는 다 같은 말이에요. 소똥구리는 소와 말의 똥을 분해해 땅과 식물에 좋은 영양분을 주는 역할을 해요. 생태계에서 꼭 필요한 곤충이지요. 개똥구리는 없는 말이에요. 개똥벌레는 들어 봤지요? 개똥벌레는 반딧불이의 다른 이름이에요.

정답 22

땅벌, 말벌, 호리병벌 모두 말벌과에 속하는 벌이에요. 땅벌은 땅속에 집을 여러 층 지어요. 말벌은 나뭇가지나 집의 처마 아래에 둥근 공 모양으로 집을 짓지요. 호리병벌은 집을 호리병이나 도자기 모양으로 지어요.

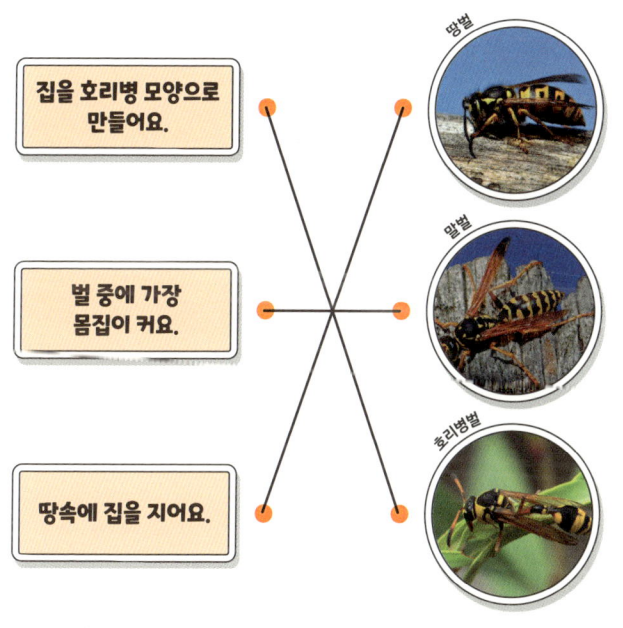

초성 퀴즈

아래 사진과 초성 힌트를 보고 곤충의 이름을 맞혀 보세요.

힌트

1. 나뭇가지처럼 생겼어요.
2. 다리가 잘려도 또 자라요.

여름에 과일을 먹고 껍질을 그대로 두면 ☐☐☐가 생겨요. 어떤 곤충일까요?

① 나나니

② 초파리

③ 남가뢰

대벌레

산에 가서 나무를 잘 살펴봐요. 진짜 나뭇가지가 아닌 곤충이 위장하고 있을 수도 있거든요. 바로 대벌레예요. 대벌레는 긴 몸통에 얇은 다리가 특징이에요. 자세히 보지 않으면 나뭇가지와 헷갈릴 정도로 비슷해요. 대벌레는 위협을 느끼면 다리를 스스로 끊고 도망가는데, 다행히 잘린 다리는 다시 자라요. 마치 도마뱀의 꼬리 같아요.

② 초파리

초파리는 달콤하고 시큼한 음식을 좋아해요. 특히 여름에는 높은 온도 탓에 음식이 쉽게 상해요. 초파리는 후각이 뛰어나 먼 곳에서 나는 상한 음식 냄새도 맡을 수 있어요. 또한 과일 껍질에 이미 알이 붙어 있는 경우도 많아요. 초파리가 덜 생기게 하려면 먹고 난 과일 껍질을 바로바로 치워야 해요!

아래 사진과 초성 힌트를 보고 곤충의 이름을 맞혀 보세요.

ㄱㄲㄹㅈㅂㄴㅂ

힌트

제비처럼 꼬리가 길어요.

보기 퀴즈

이 파리는 눈과 눈 사이가 멀어요. 이 파리의 이름은 무엇일까요?

① 대눈파리

② 똥파리

③ 나방파리

긴꼬리제비나비

긴꼬리제비나비는 날개가 검은색이에요. 제비나비 중에서 가장 큰 나비예요. 뒷날개에 있는 꼬리 돌기도 다른 나비보다 긴 편이에요. 낮은 산 근처에서 돌아다니기 때문에 쉽게 볼 수 있어요. 오묘한 색깔로 눈을 사로잡는 나비지요.

아래 제비나비의 사진과 비교하니 확실히 긴꼬리제비나비의 날개 길이가 훨씬 길지요? 제비나비의 날개는 푸른색이면 수컷, 주황색이면 암컷이에요.

제비나비

 대눈파리

대눈파리는 눈이 '눈자루'라고 하는 긴 막대 끝에 달려 있어요. 그래서 '자루눈파리'라고도 해요. 두 눈이 떨어져 있는 만큼 시야도 넓어요. 더욱 신기한 점은 이 길이가 길수록 암컷한테 인기가 많대요. 수컷끼리 누가 더 눈자루 길이가 긴지 직접 대어 보며 싸운답니다. 대눈파리는 우리나라에는 살지 않고 주로 아프리카에 서식해요.

몇몇 곤충은 천적을 만나면 죽은 척을 해요. 아래 곤충 중에서 죽은 척을 하지 않는 곤충을 골라 보세요!

① **무당벌레**

② **흰개미**

③ **풀색꽃무지**

 수수께끼

이 곤충의 이름은 무엇일까요?

나랑 이름이 비슷하지~.

자라

힌트

1. 물에 살아요.
2. 몸이 자라를 닮았어요.
3. 수컷이 등에 알을 붙이고 다녀요.

  **흰개미**

흰개미는 죽은 척하지 않아요. 병정개미들이 큰 턱으로 지켜 주는 덕분이에요. 사실 흰개미는 사람이 더 무서워해요. 왜냐고요? 흰개미가 나무로 된 가구나 집을 갉아 먹기 때문이에요. 특히 목재로 된 문화재가 흰개미에게 공격을 받아 상하는 경우가 많지요.

무당벌레는 위협을 느끼면 가만히 멈춘 채 죽은 척을 해요. 이때 다리에서 노란색 보호액이 나와요.

풀색꽃무지는 꽃무짓과 곤충 중에 가장 자주 볼 수 있는 곤충이에요. 풀색꽃무지도 무당벌레처럼 죽은 척을 해요.

정답 28 물자라

물자라는 자라처럼 납작하고 평평해서 자라라는 이름이 붙었어요. 물에서 작은 물고기나 올챙이를 먹으며 살아요. 물자라는 수컷이 등에 알을 붙이고 다니는 것으로 유명해요. 알이 부화할 때까지 천적으로부터 지켜요.

피파피파 개구리

초성 퀴즈

아래 사진과 초성 힌트를 보고 곤충의 이름을 맞혀 보세요.

ㅅㄷㅇ

힌트

1. 소 등에 붙어 피를 빨아 먹어요.
2. 파리목 등엣과 곤충이에요.

선 잇기

곤충에 대한 알맞은 설명을 찾아 선으로 이어 보세요.

- 초식이에요.

메뚜기

- 밤에 활동해요.

- 몸통이 길어요.

- 육식이에요.

여치

- 낮에 활동해요.

- 몸통이 짧아요.

정답 29 소등에

소등에는 소나 말, 심지어 사람의 피도 빨아 먹는 곤충이에요. 소등에 중에 왕소등에는 벌처럼 생긴 데다가 비행 소리까지 흉내 낸다고 하지요. 왕소등에는 동물의 가죽도 뚫을 정도로 뾰족한 입이 있어요. 왕소등에에게 물리면 크게 부어오르는데 다행히 독은 없답니다.

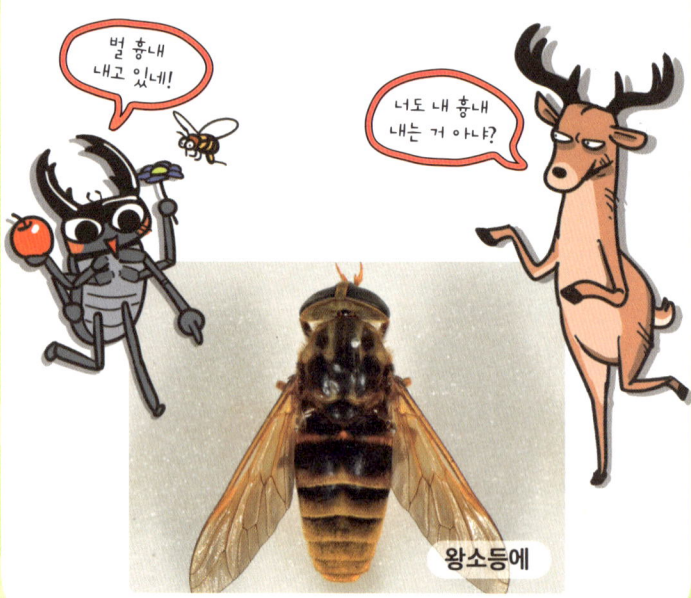

왕소등에

정답 30

메뚜기목 곤충은 종류가 정말 많아요. 그중 메뚜기는 곡물을 갉아 먹는 해충으로 초식성 곤충이에요. 낮에 주로 활동하고 몸통이 길어요.

여치도 메뚜기목에 속하는 곤충이에요. 메뚜기와 자주 헷갈리는 곤충이기도 하지요. 하지만 여치는 육식성 곤충으로 작은 곤충들을 잡아먹어요. 야행성으로 주로 밤에 움직여요. 몸통이 짧아서 귀뚜라미와 비슷하게 생기기도 했어요.

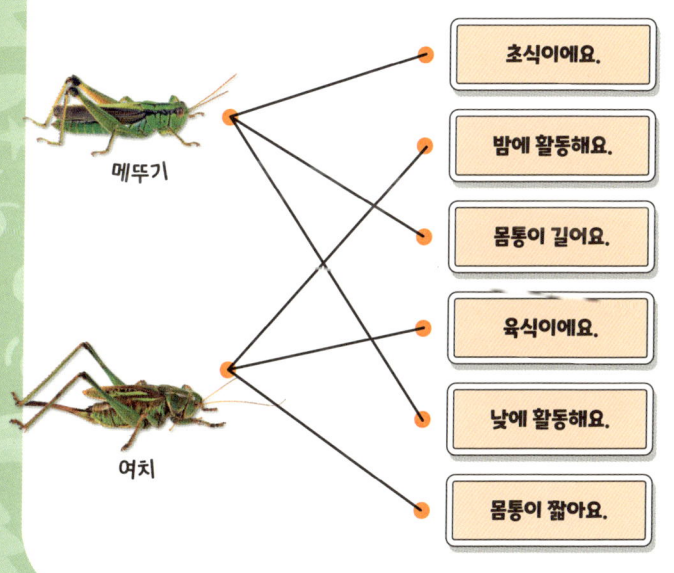

이름 찾기 퀴즈

흩어진 글자 중에서 아래 사진 속 곤충의 이름을 찾아보세요. 곤충의 이름은 무엇일까요?

치 개 귀 벌
군 방 미 물
　　　 장

힌트
1. 물고기, 개구리, 뱀까지 먹는 육식 곤충이에요.
2. 꼬리로 숨을 쉬어요.

32

아래 사진 중에 진짜 곤충이 숨어 있어요. 곤충을 골라 보세요!

우리 무리에 침입자가 있어!

정답 31 물장군

물장군은 이름에 장군이 들어가는 이유가 있어요. 바로 곤충 중에서도 놀라운 사냥 실력을 뽐내기 때문이지요. 발톱과 침을 이용해 작은 물고기부터 자신보다 더 큰 황소개구리도 잡아먹어요. 이렇게 무시무시한 물장군도 서식지가 많이 파괴되면서 멸종 위기 야생 동물 2급으로 지정되어 있어요.

1번은 나뭇잎벌레 사진이에요. 정말 감쪽같지요? 나뭇잎벌레는 '잎사귀벌레'라고도 불러요. 주로 동남아시아와 호주에서 발견돼요. 환경에 따라 노란색이나 초록색을 띤다고 합니다. 천적으로부터 몸을 숨기려는 위장술의 달인이지요! 나뭇잎과 비슷할 뿐만 아니라 바람에 흔들리는 행동도 한대요.

보기 퀴즈

짝짓기를 할 때 암컷이 수컷을 잡아먹는 곤충은 무엇일까요?

① **사마귀**

② **개미**

③ **나방**

초성 퀴즈

이 곤충의 떼가 논과 밭에 큰 피해를 준대요.
아래 사진과 초성 힌트를 보고 곤충의 이름을
맞혀 보세요!

ㅁㄸㄱ

  **사마귀**

사마귀는 짝짓기를 할 때 암컷이 수컷을 잡아먹어요. 암컷이 알을 낳을 때 영양분이 부족하지 않도록 수컷을 잡아먹는 것이지요. 물론 수컷 네 마리 중 세 마리는 잡아먹히기 전에 도망간다고 해요.

절지동물인 타란툴라 수컷도 짝짓기 후 재빠르게 도망가야 해요. 짝짓기를 막 끝낸 암컷이 수컷을 잡아먹으려고 하기 때문이지요.

정답 34 메뚜기

메뚜기는 전 세계에서 서식하는 곤충이에요. 우리나라에만 200여 종이 살고 있지요. 메뚜기는 무리를 지어 살아요. 몰려다니며 벼나  채소를 갉아 먹어서 대표적인 해충이기도 합니다.

지난 2020년 아라비아반도에 큰 피해를 주었던 사막 메뚜기의 수가 약 4천 억 마리라고 해요. 원인을 분석한 결과, 기후 이상으로 비가 많이 내려 나무가 잘 자라자 메뚜기가 번식하기 좋은 환경이 만들어졌어요. 덕분에 메뚜기 수가 빠르게 늘 수 있었지요.

아프리카 또한 지구 온난화로 온도가 꾸준히 오르는 탓에 메뚜기 떼의 피해가 전보다 잦아졌다고 합니다.

선 잇기

곤충 사진과 이름을 알맞게 선을 이어 보세요.

 ●   ● 배추흰나비

 ●   ● 모르포나비

 ●   ● 붉은점모시나비

보기 퀴즈

낙엽사마귀처럼 풀이나 나무로 위장하는 생물의 행동을 무엇이라고 할까요?

 의태　 진화　 우화

정답 35

배추흰나비는 흰 날개에 검은 반점이 있어 구별하기 쉬워요. 주변에서 자주 볼 수 있는 나비 중 하나이지요. 하지만 애벌레가 배추나 무를 갉아 먹어 농작물에 피해를 주기도 해요.

모르포나비는 콜롬비아 등 남미에 서식하는 나비예요. 푸른빛을 띠는 날개로 유명한데, 실제로 보면 어느 각도로 보는지에 따라 날개의 색깔이 조금씩 달라진다고 해요. 전 세계 나비 수집가들에게 인기가 가장 많은 나비예요.

붉은점모시나비는 우리나라에서 멸종 위기 야생 생물 1급으로 지정된 나비예요. 운이 좋으면 5월에 만날 수 있을 거예요. 우리나라, 중국 등에서 살고 있어요.

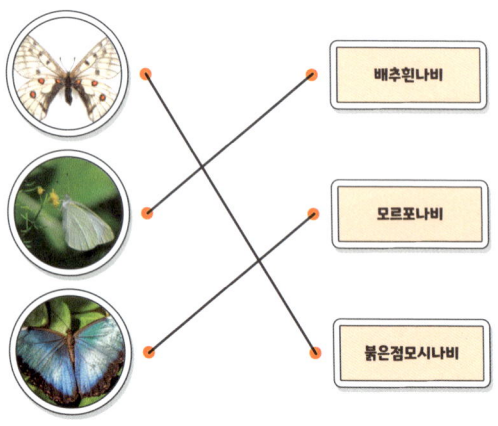

  의태

낙엽사마귀는 나뭇잎벌레처럼 위장하는 곤충이에요. 이처럼 동물이 자신을 보호하기 위해 다른 물체나 동물과 비슷한 모양을 하고 있는 일을 의태라고 합니다.

진화는 생물들이 살아가면서 환경에 적응하고 발전하는 과정이에요. 우화는 곤충의 번데기가 날개 있는 어른벌레로 변하는 과정을 말해요. 우화를 겪는 곤충으로는 장수풍뎅이, 사슴벌레, 매미 등 갖춘탈바꿈을 하는 곤충에게서 볼 수 있어요.

뒷다리를 잡으면 방아처럼 끄덕거린다고 해서 이런 이름이 붙었어요. 이 곤충의 이름은 무엇일까요?

1. **방아깨비**
2. **방아뚜기**
3. **방아치**

빈칸에 들어갈 단어는 무엇일까요?

☐☐벌레, ☐☐거미, ☐☐개구리

① 빨간 ② 무당 ③ 무지개

정답 37  ① 방아깨비

방아깨비는 메뚜깃과에 속하는 곤충이에요. 얼굴이 길쭉해서 다른 메뚜깃과 곤충이랑 구별하기 쉬워요. 뒷다리도 크고 길어요. 뒷다리를 잡으면 몸이 위아래로 움직이는 모습이 곡식을 찧는 방아 같다고 해서 방아깨비라고 부르지요. 메뚜기가 뛰어다니던 여름이 지나면 방아깨비를 볼 수 있어요. 귀뚤귀뚤 우는 귀뚜라미와 함께 가을에 만나는 곤충이에요.

　방아뚜기와 방아치는 없는 곤충이에요.

  **무당**

빈칸에 들어갈 말은 무당이에요. 무당벌레는 빨간 몸에 검은 점이 나 있어요. 어떤 무당벌레는 검은 몸에 빨간 점이 나 있기도 하고, 점이 없는 경우도 있어요.

무당거미는 흔히 볼 수 있어요. 몸에 노란색과 검은색 무늬가 번갈아 가며 나타나요.

무당개구리는 연두색 등과 붉은색 배에 검은 무늬가 있어요. 자연에 사는 무당개구리는 만지면 안 돼요. 독이 있기 때문이지요.

이처럼 화려한 색을 지닌 생물에게 '무당'이라는 이름이 붙곤 합니다. 버섯 중에는 장미처럼 붉은색을 띠는 무당버섯도 있어요.

무당거미

무당개구리

문제 39

보기 퀴즈

아래 사진과 힌트를 보고 곤충의 이름을 맞혀 보세요!

① **장구애비**
② **반딧불이**
③ **날도래**

힌트
1. 물에 사는 곤충이에요.
2. '물속의 전갈'이라는 별명이 있어요.

선잇기

매미 알, 애벌레, 어른벌레는 어디에 붙어 있을까요? 알맞게 선을 이어 보세요!

매미 알	나무줄기
매미 애벌레	나뭇가지
매미 어른벌레	땅속

 **장구애비**

장구애비는 참 재미난 특징이 많아요. 이름에 장구가 들어가는 이유는 물속에서 움직이는 모습이 장구를 치는 것 같다고 해서 붙었어요. 또 몸 뒤쪽 꼬리에 달린 것은 호흡하기 위한 기관이에요. 수면으로 가까이 와서 호흡기를 밖으로 내어 숨을 쉬지요. 생김새는 독침의 명수 전갈을 닮아서 '물속의 전갈'이라는 별명도 있답니다.

장구애비

전갈

나를 닮았군….

정답 40

매미는 알을 나뭇가지에 낳아요. 알에서 부화한 애벌레는 땅속으로 내려가지요. 땅속에서 나무의 수액을 먹으며 자라다가 어른벌레가 되기 위해 다시 땅 밖으로 나옵니다. 나무를 기어올라 나무줄기에서 탈피를 해요. 여름에 나무를 보면 매미 탈피 껍질을 쉽게 찾을 수 있어요. 어른벌레가 된 매미는 나무줄기에 붙어서 맴맴(참매미) 또는 찌르르(말매미) 하고 운답니다.

나가 볼까!

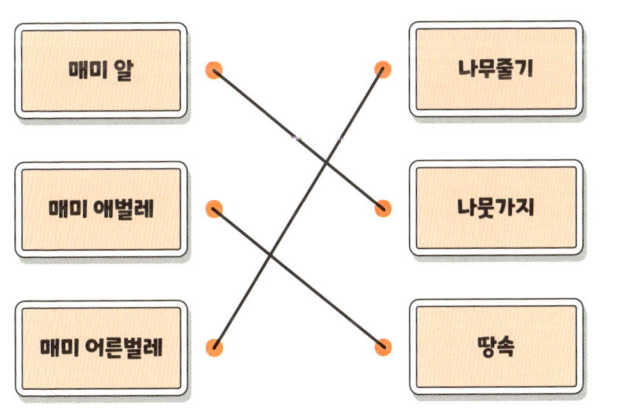

아래 사진과 힌트를 보고 곤충의 이름을 맞혀 보세요!

힌트
1. 물 위에 뜰 수 있어요.
2. 소금기가 많은 물에 살아요.

① **소금쟁이**
② **박각시**
③ **하늘소**

보기 퀴즈

곤충은 의사소통을 할 때 소리나 냄새, 페로몬 등 다양한 방법을 사용해요. 그렇다면 꿀벌끼리 의사소통을 할 때는 어떤 방법을 쓸까요?

① **페로몬으로 메시지 전달하기**

② **땅에 꿀로 글자 그리기**

③ **8자를 그리며 춤추기**

 **소금쟁이**

소금쟁이는 연못에서 흔히 볼 수 있는 곤충이에요. 노린재목 소금쟁잇과에 속해요. 크기는 10밀리미터 정도 되고, 죽은 물고기나 곤충을 먹고 살아요. 소금쟁이도 날개가 있어서 날 수 있어요. 물론 오래 날진 못하지만요!

 소금쟁이는 물이 끌어당기는 성질인 표면 장력과 소금쟁이의 가벼운 무게, 다리의 털 덕분에 물 위에 떠 있을 수 있어요.

 # 8자를 그리며 춤추기

꿀벌은 의사소통을 할 때 춤을 추는데, 신기하게도 8자 춤을 춘다고 해요. 엉덩이를 흔들고 날개를 떨어서, 꽃이 어디에 있는지 방향과 거리를 알려 준대요.

페로몬으로 메시지를 전달하는 것은 개미예요. 땅에 꿀로 글자를 그리는 꿀벌이 있다면...아이큐 148의 천재 꿀벌이 아닐까요?!

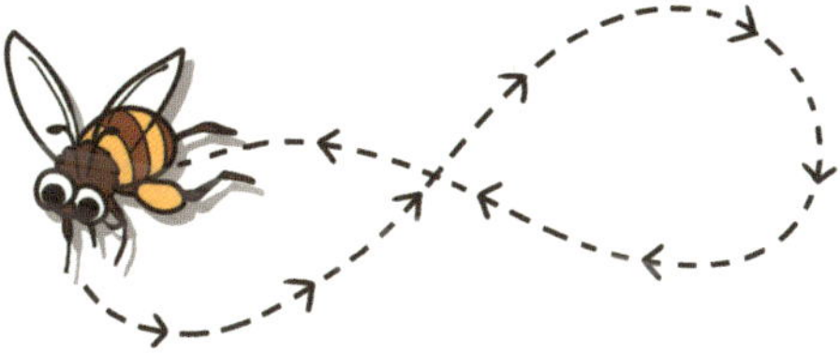

보기 퀴즈

아래 사진은 산호랑나비 애벌레예요. 이 애벌레는 머리에 뿔이 나왔다가 들어갔다가 움직이는데요. 뿔의 이름은 무엇일까요?

1. **냄새뿔**
2. **텔레파시뿔**
3. **엉덩이뿔**

보기 퀴즈

아래 사진과 힌트를 보고 사슴벌레의 이름을 맞혀 보세요!

① **한점박이사슴벌레**
② **두점박이사슴벌레**
③ **세점박이사슴벌레**

힌트
1. 우리나라에서는 제주도에서만 볼 수 있어요.
2. 가슴 양쪽에 점이 두 개 있어요.

  냄새뿔

산호랑나비 애벌레의 머리의 뿔은 바로 냄새뿔이에요. 천적을 만나면 냄새뿔에서 지독한 냄새를 뿜어요. 시큼하고 고약한 냄새가 나지요. 호랑나빗과 나비 애벌레들은 모두 냄새뿔을 가지고 있어요.

산호랑나비 애벌레는 마디마다 검은색과 노란색 점무늬가 있어요. 호랑나비 애벌레는 잎처럼 보이기 위해 몸이 깔끔한 연두색이랍니다. 가슴 양쪽에는 눈 모양 무늬가 있어요.

 **두점박이사슴벌레**

두점박이사슴벌레는 제주도, 중국, 몽골 등에서 살아요. 몸은 밝은 갈색이며 가슴 양쪽에 점이 나 있는 것이 특징이에요. 우리나라에는 제주도에서만 살아요. 개체 수가 줄어서 멸종 위기 야생 생물 2급으로 지정되었어요.

여러 지역 과학관 및 곤충 연구소에서 두점박이사슴벌레를 인공적으로 증식하고 있어요. 이렇게 개체 수를 늘려 다시 제주도에 풀어 주는 복원 사업을 진행하고 있지요.

아래 사진과 초성 힌트를 보고 곤충의 이름을 맞혀 보세요.

ㅈㄱㅂㄹ

힌트
배 끝에 집게가 달려 있어요.

이 나비는 노랑 바탕에 검은 줄무늬가 있어요. 화려한 색깔로 천적에게 경고하는 것이지요. 알맞은 퍼즐 조각을 골라 보세요!

정답 45 집게벌레

집게벌레는 배 끝에 집게가 달려 있어요. 머리 더듬이와 헷갈려 실제로 보면 어디가 머리인지 헷갈리게 만드는 재주가 있어요. 집게벌레는 천적을 만나면 전갈처럼 집게를 위로 들어 올려서 위협해요.

제왕나비는 겨울이 오면 미국과 캐나다에서 멕시코로 이동해요. 이때 이동 거리가 5천 킬로미터가 넘는다고 해요. 대단한 여정이지요? 국제 우주 정거장에서 우주 비행사들이 이 나비를 기른 적도 있대요. 정말 멋진 나비예요.

1. 애벌레에서 번데기를 거쳐 어른벌레가 되는 과정을 갖춘탈바꿈이라고 해요.

2. 왕잠자리는 알에서 부화해 애벌레를 거쳐 어른벌레가 돼요.

갖춘탈바꿈을 하는 곤충을 골라 보세요!

메뚜기   사마귀
　매미　　호랑나비
장수풍뎅이

1. ○, 2. ○

1. 알, 애벌레, 번데기를 거쳐 어른벌레가 되는 과정을 갖춘탈바꿈 또는 완전 변태라고 합니다.

---

2. 왕잠자리는 안갖춘탈바꿈을 합니다. 안갖춘탈바꿈은 애벌레가 번데기를 거치지 않고, 어른벌레로 바뀌는 것이에요.

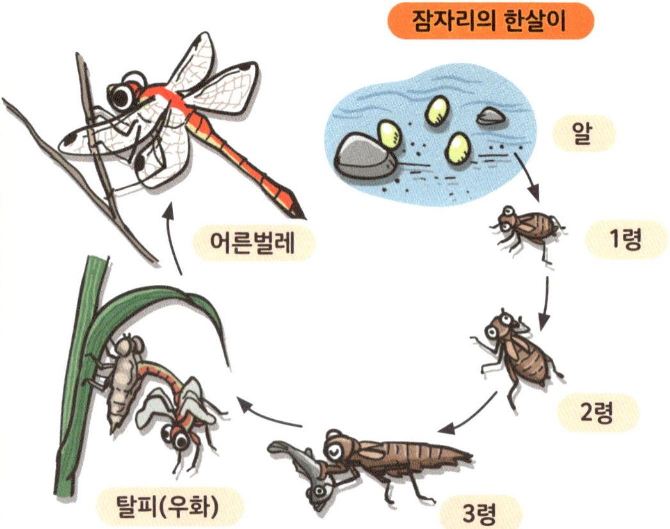

잠자리의 한살이

어른벌레 → 알 → 1령 → 2령 → 3령 → 탈피(우화) → 어른벌레

장수풍뎅이, 호랑나비

갖춘탈바꿈을 하는 곤충으로는 장수풍뎅이, 사슴벌레, 호랑나비, 벌 등이 있어요. 메뚜기, 사마귀, 매미는 안갖춘탈바꿈을 하는 곤충이에요.

장수풍뎅이의 한살이

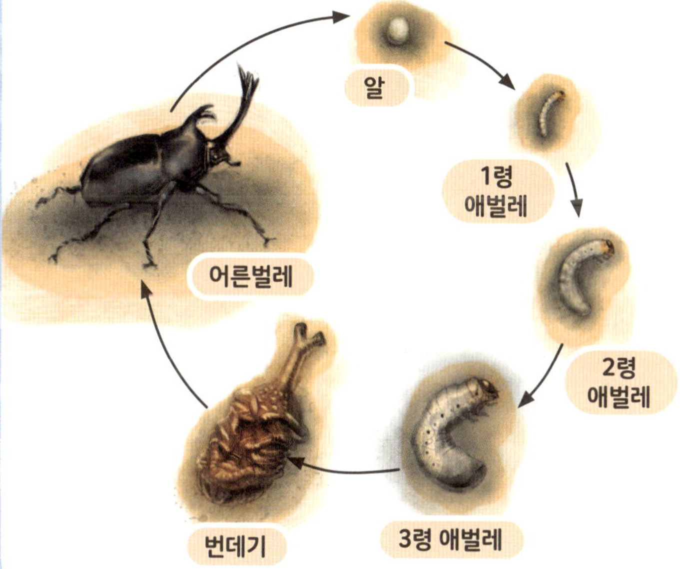

알 → 1령 애벌레 → 2령 애벌레 → 3령 애벌레 → 번데기 → 어른벌레

아래 사진과 초성 힌트를 보고 곤충의 이름을 맞혀 보세요!

힌트

1. 별명이 '물사마귀'예요.
2. '게'를 닮아서 이름이 '게'가 들어가요.

보기 퀴즈

아래 사진을 보고 곤충의 이름을 맞혀 보세요.
이 곤충의 이름은 무엇일까요?

① 난초사마귀
② 귀뚜라미
③ 여치

게아재비

게아재비는 장구애빗과 곤충이에요. 장구애비보다 몸이 가늘어요. 물속에서 헤엄치기보다 긴 다리로 기어 다녀요. 앞다리가 낫처럼 생겨서 먹이를 잘 낚아챌 수 있지요. 긴 주둥이로는 먹이의 체액을 빨아 먹고 삽니다. 생김새뿐만 아니라 올챙이나 물고기들을 잡아먹는 모습이 사마귀를 닮아서 '물사마귀'라는 별명이 생겼어요.

장구애비

① **난초사마귀**

난초사마귀는 동남아시아의 열대 우림에서 살아가는 애기사마귓과 곤충이에요. 꽃잎처럼 생긴 몸으로 곤충들을 유인해 잡아먹지요. 색깔이 참 아름다워 '꽃사마귀'라고도 불려요. 흰색 몸에 분홍색이 섞여 있어요. 애벌레일 때는 색이 거의 흰색이에요. 크면서 분홍색이 올라오지요. 다 큰 어른벌레는 암컷이 수컷보다 두 배 정도 큽니다.

OX 퀴즈

누에나방은 입이 퇴화되어 먹이를 먹을 수 없어요.

O X

초성 퀴즈

이 곤충을 만나면 건드리면 안 돼요! 100도가 넘는 방귀 폭탄을 뀌거든요. 아래 사진과 초성 힌트를 보고 곤충의 이름을 맞혀 보세요.

ㅍㅌㅁㅈㅂㄹ

정답 51 O

누에나방은 알, 애벌레, 번데기 과정을 거쳐 어른벌레가 되는 갖춘탈바꿈을 하는 곤충이에요. 애벌레는 뽕잎을 먹으며 크다가 어른벌레가 되면 입이 퇴화해요. 다행히(?) 수명이 일주일 정도로 짧아요.

누에나방은 강아지처럼 사람에게 길러지는 곤충이에요. 누에나방 애벌레는 약 1만 년 전부터 중국에서 옷을 만들기 위해 기르기 시작했어요. 이 고치를 삶아서 실을 뽑아내지요. 실을 뽑은 다음 남은 번데기가 바로 간식으로 먹는 번데기예요.

번데기

정답 52 폭탄먼지벌레

폭탄먼지벌레는 독가스를 뿜는 것으로 유명해요. '방귀벌레'라고도 부르지요. 천적을 만나거나 몸이 눌리면 독가스를 뿜는데, 이 독가스가 나올 때 순간적으로 온도가 100도까지 올라간대요. 정말 신기하지요? 심지어 가스가 한두 번이 아니라 수십 번이나 나온대요. 웬만한 곤충들은 이 가스로 죽을 수 있어요. 사람 피부도 부어오른대요. 노린재도 방귀벌레라는 별명이 있어요.

아래 사진 중에 사슴벌레가 아닌 곤충 사진이 있어요. 골라 보세요!

초성 퀴즈

여왕개미는 수개미와 짝짓기하기 위해 날아다녀요. 이 비행에는 이름이 있어요. 무엇이라고 할까요?

이제 날아 볼까~?

ㄱㅎ 비행

 **큰조롱박먼지벌레**

먼지벌레도 사슴벌레처럼 딱정벌레목에 속하는 곤충이에요. 먼지벌레는 딱정벌렛과, 사슴벌레는 사슴벌렛과에 속하지요. 큰조롱박먼지벌레는 다른 먼지벌레보다 턱이 커요. 사슴벌레들과 쉽게 헷갈리는 종이에요. 얇은 허리가 아니었다면 쉽게 구별하지 못했을 거예요. 2번은 톱사슴벌레, 3번은 두점박이사슴벌레예요.

정답 54 결혼 비행

여왕개미와 수개미가 짝짓기를 하려고 날아다니는 것을 결혼 비행(혼인 비행)이라고 해요. 짝짓기를 한 뒤 수컷은 죽고, 여왕개미는 다른 곳으로 가서 새로운 군락을 만들어요. 벌도 결혼 비행을 하는데, 여왕벌이 비행을 할 때는 일벌들이 여왕을 지켜요.

빈칸 퀴즈

빈칸에 들어갈 단어는 무엇일까요?

불☐☐   명☐☐

자☐☐

① 개미 ② 나방 ③ 벌레

사슴벌레 중에 턱이 톱니처럼 생긴 사슴벌레가 있어요. 이 사슴벌레의 이름은 무엇일까요?

① **톱사슴벌레**

② **넓적사슴벌레**

③ **애사슴벌레**

  **나방**

불나방은 날개에 불에 타는 듯한 무늬가 있어 불나방이라고 불려요. 불나방 무리는 왠지 빨간색 나방만 있을 거 같지만 흰색, 노란색, 검은색까지 다양한 색깔의 나방이 있어요. '부나방'이라고도 불리지요.

명나방은 명나방상과에 속하는 나방들을 모두 말해요. 명나방 중에 회양목명나방을 쉽게 볼 수 있어요. 자벌레가 크면 바로 자나방이 돼요. 자나방은 가만히 있을 때 양 날개를 수평으로 펼치고 있어요.

정답 56 ① 톱사슴벌레

톱사슴벌레 턱은 중간이 살짝 굽어 있고, 가시들이 많이 나 있어요. 턱이 톱니 같지요.

넓적사슴벌레는 사슴벌레 중에 가장 쉽게 볼 수 있는 종이에요. 턱 힘이 좋아서 다른 사슴벌레와 싸우면 항상 이긴다고 합니다. 애사슴벌레는 크기가 작아서 애사슴벌레라고 불러요.

넓적사슴벌레

애사슴벌레

빈칸 퀴즈

이 집은 □□흰개미가 지은 집이에요. 빈칸에 들어갈 단어는 무엇일까요?

① **안방**
② **성당**
③ **학교**

힌트는 기도야.

높은 탑 같아!

문제 58

선잇기

곤충에 대한 알맞은 설명을 찾아 선으로 이어 보세요.

물방개

물장군

- 노린재목에 속해요.
- 딱정벌레목에 속해요.
- 앞다리가 낫 모양이에요.
- 뒷다리에 털이 나 있어요.

 **성당흰개미**

이름이 성당흰개미라니 신기하지요? 호주에 사는 성당흰개미는 집을 아주 큰 대성당처럼 짓는다고 해서 이런 이름이 붙었어요. 집 높이가 무려 5미터가 넘고 제일 크게는 10미터까지 지을 수 있대요. 이 큰 집 안에는 식량 보관이나 산란 등 목적에 따라 만든 방이 정말 많다고 해요.

정답 58

물장군은 노린재목 물장군과에 속해요. 앞다리에는 낫 모양의 납작한 다리가 있어요. 먹이를 잡을 때 사용해요. 물방개는 딱정벌레목 물방갯과에 속하는 곤충이에요. 뒷다리에 털이 나 있어 물속에서 헤엄치기에 좋아요.

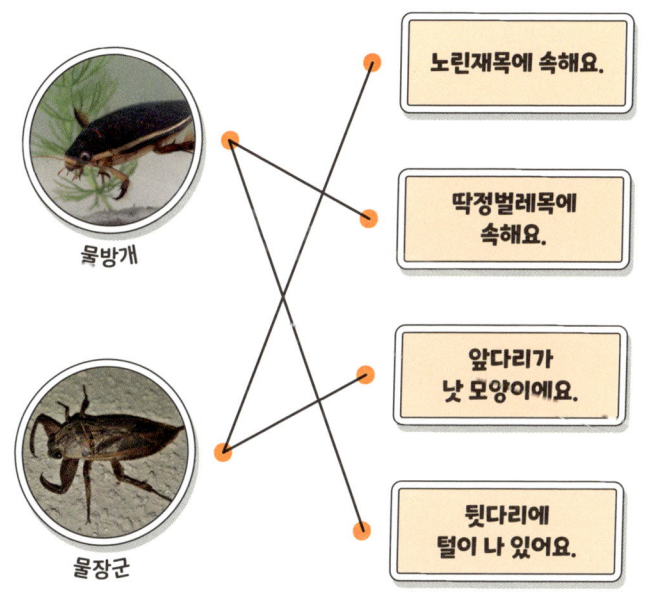

OX 퀴즈

소똥구리는 우리나라에서 멸종되었어요.

소똥구리의 다른 이름은?

말똥구리, 쇠똥구리!

이름 찾기 퀴즈

개미는 이 곤충에게서 나오는 단물을 핥아 먹어요. 흩어진 글자 중에서 곤충의 이름을 찾아보세요. 곤충의 이름은 무엇일까요?

물 흙 무 빗
진 딧 당 불

정답 59 ○

소똥구리는 소나 말 같은 대형 초식 동물의 똥을 먹고 살아가는 곤충이에요. 50년 전만 해도 산에서 쉽게 볼 수 있었어요. 하지만 지금은 우리나라에서 멸종되었어요. 따라서 여러 생태 연구소에서 소똥구리를 복원하고 증식하기 위해 노력하고 있어요.

왕소똥구리는 소똥구리보다 몸이 약 두 배 이상 길어요. 멸종 위기로 지정되었다가 지금은 해제되었어요.

애기뿔소똥구리는 멸종 위기 야생 생물 2급이에요.

애기뿔소똥구리

진딧물

진딧물은 식물의 즙을 빨아 먹어요. 그리고 다 소화하지 못한 당분을 배설하는데, 이 배설물을 개미가 빨아 먹어요. 어떤 개미들은 진딧물이 사는 곳을 지켜 준다고 해요. 이렇게 개미와 진딧물은 공생 관계에 있어요.

이처럼 서로에게 도움이 되는 관계는 '상리 공생'이라고 해요. 한쪽만 이익을 얻고 다른 쪽은 이익이나 불이익을 받지 않으면 '편리 공생'이라고 합니다.

보기 퀴즈

나는 무서우면 몸을 동그랗게 말아. 내 이름을 맞혀 봐!

 자벌레

 공벌레

 ③ 대벌레

보기 퀴즈

이 벌은 땅 위를 기어다니며 나비 애벌레를 사냥해요. 벌의 이름은 무엇일까요?

1) **나나니**
2) **니나니**
3) **니니니**

  공벌레

공벌레는 위협을 느끼면 몸을 동그랗게 말아요. 단단한 껍데기가 몸을 보호하지요. 주로 습한 곳에서 살아요. 특이한 점은 아가미로 호흡한다는 거예요. 공벌레는 사실 곤충이 아니에요. 쥐며느리나 갯강구처럼 절지동물 등각목 아래 동물이랍니다.

자벌레와 대벌레는 모두 나뭇가지처럼 보이는 의태 행동으로 천적의 눈을 피해요. 자벌레는 자나방의 애벌레예요.

  나나니

땅 위를 기어다니는 벌은 바로 나나니예요. 나나니는 땅에 굴을 파고 살아요. 여름에 산에 가면 만날 수 있을 거예요. 나나니는 나비 애벌레를 잡아 굴에 묻은 다음 애벌레 옆에 알을 낳아요. 부화한 나나니 애벌레는 나비 애벌레를 먹으며 자라요. 몸이 매우 가늘어 다른 벌과 쉽게 구별할 수 있어요.

초성 퀴즈

이 개미는 나뭇잎을 잘라서 집으로 옮겨요. 아래 사진과 초성 힌트를 보고 개미 이름을 맞혀 보세요.

ㄱㅇㄱㅁ

보기 퀴즈

아래 사진과 힌트를 보고 곤충의 이름을 맞혀 보세요.

> **힌트**
> 1. 둥글고 긴 주둥이가 있어요.
> 2. 쌀을 좋아해요.
> 3. 바구미 중 하나예요.

① **떡바구미**
② **쌀바구미**
③ **흙바구미**

가위개미

이름이 가위개미라니 재밌는 곤충이에요. 이 개미들은 식물의 잎을 잘라서 집으로 가져가요. 그래서 또 다른 이름이 잎꾼개미예요.

가위개미는 집에 쌓아 둔 잎으로 농사를 지어요. 잎을 씹은 다음에 뱉어 버섯 같은 균을 심고, 이 균을 키워서 먹어요. 농사의 신이라고 부를 만하지요?

② 쌀바구미

쌀바구미는 대표적인 쌀벌레예요. 쌀, 보리, 밀 등을 먹으면서 자라요. 쌀바구미는 쌀에 구멍을 뚫어서 알을 까요. 알이 자라서 어른벌레가 되면 쌀알에서 나와요. 또한 번식이 빨라서 한번 생기면 없애기 쉽지 않아요. 특히 습한 여름에 많이 생기지요.

바구밋과 곤충은 전 세계에 4만여 종이나 있어요. 종이 많은 만큼 다양한 생김새를 보여 주고 있답니다. 떡바구미, 흙바구미는 실제로는 없는 곤충이에요.

바구미 종류는 정말 다양해!

선 잇기

사슴벌레의 한살이를 알맞게 이어 보세요!

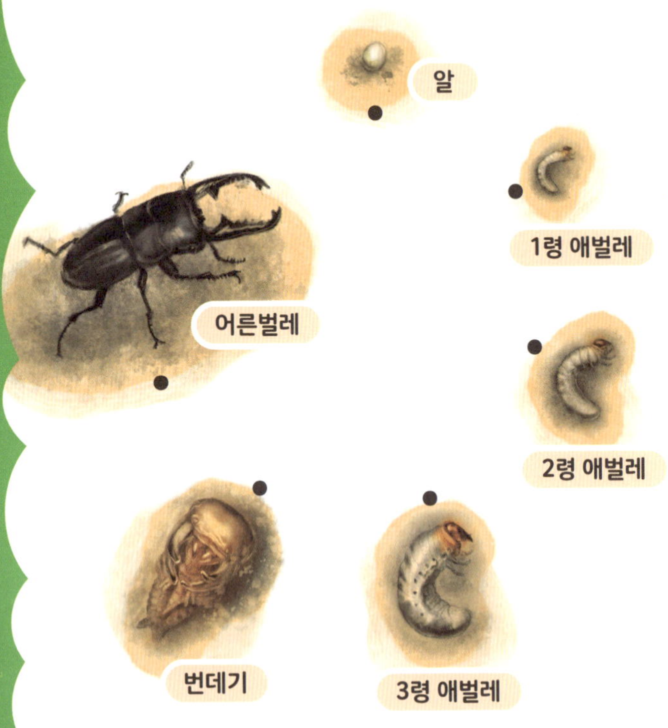

알

1령 애벌레

어른벌레

2령 애벌레

번데기

3령 애벌레

아래 벌 중 곤충을 사냥하지 않는 벌은 단 한 종류예요. 어떤 벌일까요?

① 꿀벌

② 말벌

③ 땅벌

정답 65

사슴벌레의 알은 크기가 쌀알만 해요. 알은 2주 뒤에 애벌레가 됩니다. 애벌레는 썩은 나무를 갉아 먹으며 자라요. 1령에서 2령, 2령에서 3령 애벌레가 되기까지는 2~3주씩 걸려요. 3령 애벌레가 되면 약 6개월 동안 몸이 커져요. 이때 번데기방을 만들어 번데기로 1개월 정도 지내요. 우화하면 어른벌레가 됩니다.

사슴벌레의 한살이

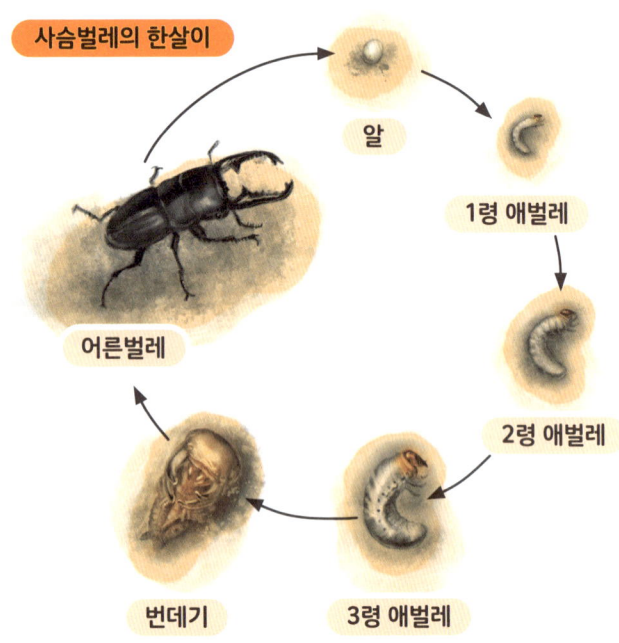

알 → 1령 애벌레 → 2령 애벌레 → 3령 애벌레 → 번데기 → 어른벌레

① 꿀벌

벌은 곤충 중에서 가장 많은 종이 있는 무리예요. 전 세계에 존재하는 벌은 약 2만 종 정도예요. 종이 많은 만큼 크기가 1~60밀리미터로 다양해요. 꿀벌과, 대모벌과, 말벌과 등으로 나뉘며 식성 또한 초식, 잡식, 육식 등으로 달라요.

꿀벌과의 꿀벌은 꽃의 꿀을 빨아 먹어요. 말벌과의 말벌은 수액을 먹어요. 동시에 파리, 매미, 메뚜기 등 곤충을 사냥해 고기 경단을 만들어 애벌레에게 전해 주지요. 땅벌 역시 말벌과로 수액이나 작은 곤충을 먹지요.

벌목에는 개밋과도 있어요. 즉 개미도 벌목에 속하는 곤충인 거예요.

보기 퀴즈

장수풍뎅이 수컷과 암컷은 어떻게 구별할까요?

① 색깔
② 긴 뿔
③ 다리 개수

초성 퀴즈

아래 사진과 초성 힌트를 보고 곤충의 이름을 맞혀 보세요.

힌트

1. 물이 검으면?
2. '귀신잠자리'라고도 불러요.

② 긴 뿔

장수풍뎅이는 긴 뿔이 특징이에요. 이 긴 뿔은 수컷에게만 있지요. 다른 수컷과 싸우거나 먹이 경쟁을 할 때 긴 뿔을 사용해요. 곤충의 다리 개수는 6개로 모두 같아요. 색깔은 종마다 달라요.

사슴벌레 또한 수컷에게만 큰 턱이 있어요. 아래 사진으로 비교해 보세요!

장수풍뎅이 수컷

장수풍뎅이 암컷

사슴벌레 수컷

사슴벌레 암컷

정답 68 검은물잠자리

검은물잠자리는 물잠자릿과에 속하는 잠자리로 길이가 40~50밀리미터 정도 돼요. 날개가 어두운 녹색을 띠는 물잠자리와 다르게 검은물잠자리는 날개가 검은색이에요. 5월부터 10월까지 하천 주변에 검은색 잠자리가 날아다닌다면, 검은물잠자리일 확률이 높아요! 검은 날개가 시선을 사로잡을 거예요.

검은물잠자리

몸은 청록색으로 빛나는 게 이쁘다!

물잠자리

이름찾기 퀴즈

흩어진 글자 중에서 아래 사진 속 곤충의 이름을 찾아보세요. 곤충의 이름은 무엇일까요?

나 호 방 비
늬 줄 랑 밤

그림자 퀴즈

아래 힌트와 그림자를 보고 곤충의 이름을 맞혀 보세요!

_____

> **힌트**
>
> 1. 여름만 되면 생각나는 그 곤충!
> 2. 사람에게 가장 위협적인 곤충이에요.

정답 69 호랑나비

호랑나비는 날개가 큰 편이에요. 날개에 검은 줄무늬가 있고, 끝에는 파란색, 주황색 무늬가 있어요. 날개 뒷부분에 꼬리 모양의 돌기가 나와 있어요. 주변에서 쉽게 볼 수 있는 나비이지요. 나비들은 봄과 여름에 생김새가 조금씩 달라져요. 호랑나비는 봄보다 여름에 크기가 더 크고, 색깔도 더 진해진답니다.

모기

여름밤만 되면 우리를 괴롭히는 모기! 모기가 지구상에서 사람을 해치는 가장 위험한 동물 1위에 오르기도 했다는 사실, 알고 있었나요? 2014년 세계 보건 기구인 WHO에서 발표한 연구 결과였어요. 그 이유는 모기가 사람에게 질병을 옮기기 때문인데요. 말라리아, 황열병, 뎅기열 등을 옮겨서 해마다 200만 명이 넘는 사람들이 죽는답니다. 우리나라도 말라리아 환자가 발생하긴 하지만 빠르게 치료를 받으면 금방 낫는다고 해요.

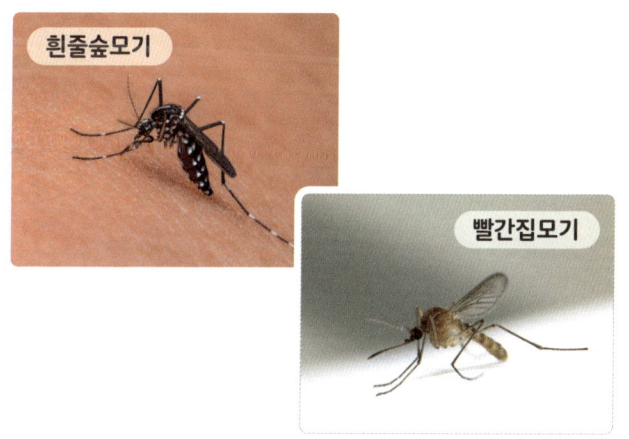

흰줄숲모기

빨간집모기

아래 곤충 중에 독을 지니고 있는 곤충은 무엇일까요?

① **남가뢰**

② **바퀴벌레**

③ **박각시**

명주잠자리 애벌레의 이름은 개미귀신이에요.

탈피했더니 모습이 180도 바뀌었어!

으흐흐…

① 남가뢰

남가뢰는 여왕개미와 비슷하게 생겨서 자주 오해를 사는 곤충이에요. 다리에서 독을 만들기 때문에 함부로 만지면 안 돼요. 남가뢰의 애벌레는 뒤영벌에게 달라붙어서 집까지 갑니다. 뒤영벌의 집에서 사는 동안 벌의 애벌레 행세를 하며 먹이를 받아먹고 지내요. 기생하는 셈이지요.

남가뢰와 달리 바퀴벌레와 박각시는 독이 없어요.

정답 72 O

명주잠자리의 애벌레 이름은 왜 개미귀신일까요? 구멍을 만들어 빠지는 개미들을 잡아먹기 때문이에요. 이 구멍은 절구 모양으로 생겨서 한번 빠지면 다시 나오기 어렵지요.

보기 퀴즈

아래 사진은 밀웜이에요. 밀웜이 자라면 어떤 곤충이 될까요?

내가 밀웜!

① **갈색거저리**

② **장수풍뎅이**

③ **매미**

보기 퀴즈

난 물에 사는 곤충으로 동글동글해! 물방개와는 먼 친척이야! 내 이름을 맞혀 봐!

① 물땅땅이
② 물땡땡이
③ 물떵떵이

① 갈색거저리

밀웜은 집에서 키우는 파충류나 양서류에게 살아 있는 먹이로 줘요. 생명력이 강해서 오래 보관할 수 있는 좋은 먹이예요. 또한 단백질 함량이 높아 미래 식량의 중요한 자원으로 주목받고 있어요. 밀웜이 스티로폼을 먹고 분해한다는 연구 결과도 있어요!

밀웜은 몇 번의 탈피를 거쳐 갈색거저리가 돼요. 갈색거저리는 거저릿과의 한 종류예요. 날개가 있지만 잘 날진 못해요. 취선이 있어서 만지면 시큼한 냄새가 날 거예요.

② 물땡땡이

물땡땡이는 물에 사는 수서 곤충(수생 곤충)이에요. 몸은 동글동글하고 등에 Y자 선이 있어요. 물땡땡이는 양쪽 다리를 번갈아 움직여 수영해요. 물방개 중에 검정물방개와 닮았어요!

애벌레 시기에는 육식을 하다가 어른벌레가 되면 주로 초식을 해요. 물땡땡이 애벌레는 개미귀신을 닮았어요.

75

선 잇기

곤충에 대한 알맞은 설명을 찾아 선으로 이어 보세요.

참매미

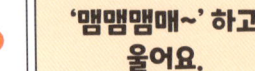
'맴맴맴매~' 하고 울어요.

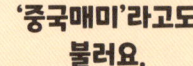
'중국매미'라고도 불러요.

아침에 주로 울어요.

울지 않아요.

꽃매미

보기 퀴즈

아래 곤충 중에서 몸길이가 가장 긴 곤충은 무엇일까요?

① 대벌레

② 헤라클레스 왕장수풍뎅이

③ 알락하늘소

정답 75

참매미는 주변에서 쉽게 볼 수 있는 매미예요. '맴맴맴' 운 다음 '매~' 하는 소리를 내서 다른 매미들과 소리로 구분할 수 있어요. 참매미는 어두운 몸에 초록색 무늬가 있지만 꽃매미는 살짝 붉은 날개에 검은 점 무늬가 있어요. 꽃매미는 중국매미라고 많이 불러요. 중국에서 들어온 외래종으로, 나무와 잎에 그을음병을 생기게 해요. 꽃매미는 참매미와 다르게 울지 않아요.

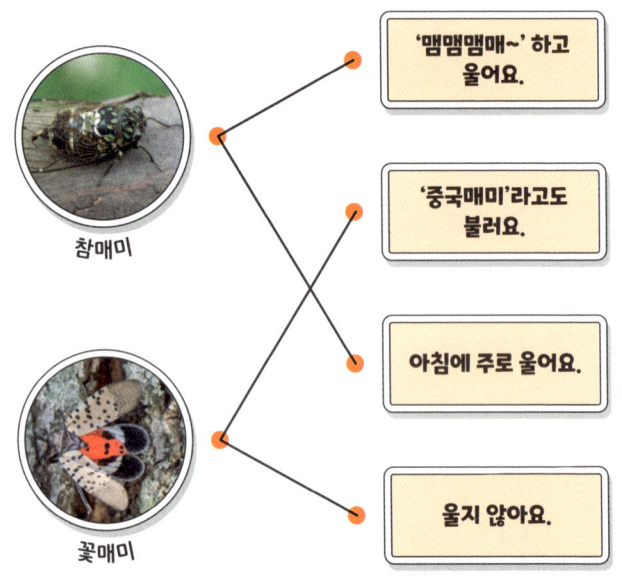

참매미 — '맴맴맴매~' 하고 울어요.
꽃매미 — '중국매미'라고도 불러요.
아침에 주로 울어요.
울지 않아요.

  **대벌레**

대벌레는 보통 10센티미터로 크지만 태국에서 서식하는 골리앗대왕대벌레는 몸길이가 30센티미터나 되었대요. 장수풍뎅이 중 가장 길다고 하는 헤라클레스왕장수풍뎅이의 몸길이는 약 18센티미터, 알록달록한 알락하늘소는 4센티미터예요!

문제 77

보기 퀴즈

우리나라에서 가장 큰 잠자리의 이름은 무엇일까요?

① **장수잠자리**

② **꼬마잠자리**

③ **실잠자리**

아래 사진과 힌트를 보고 개미의 이름을 맞혀 보세요!

① 총알개미
② 총총개미
③ 공격개미

힌트

1. 공격적인 개미예요.
2. 침을 쏠 수 있어요.

 **장수잠자리**

장수잠자리는 우리나라에서 가장 큰 잠자리예요. 몸길이가 11센티미터나 된대요. 빠르게 날아다니는 것은 물론 턱 힘도 세지요. 장수잠자리는 무시무시한 말벌도 잡아먹는대요. 대단하지요? 괜히 장수라는 이름이 붙은 것이 아니랍니다!

  **총알개미**

총알개미는 침을 가지고 있어요. 공격적이라서 작은 위협에도 침을 쏘는데, 한 번 맞으면 엄청 고통스럽다고 합니다. 그래서 총알개미라는 이름이 붙었대요. 또 총알개미는 전 세계에서 가장 큰 개미종 중 하나예요. 일개미의 몸길이가 약 2.5센티미터나 되지요. 다른 개미들은 보통 1센티미터 내외예요.

보기 퀴즈

무시무시한 장수말벌은 무엇을 먹고 살까요?

① **수액이나 꿀**

② **꿀벌이나 사마귀**

③ **나무껍질**

초성 퀴즈

아래 사진과 초성 힌트를 보고 곤충의 이름을 맞혀 보세요.

ㄲㄷㅇ

힌트

1. 귀뚜라미를 닮았어요.
2. 습기가 많은 곳에 살아요.
3. 몸이 짧고 잘 뛰어요.

 **수액이나 꿀**

말벌은 벌 중에 가장 큰 종류예요. 다른 벌보다 아주 공격적인 데다 독이 있어 위험한 곤충이지요. 장수말벌이 다른 곤충을 사냥하는 장면으로 유명한데, 사실 장수말벌 어른벌레는 꿀이나 수액 등을 먹고 살아요. 애벌레에게 먹일 단백질이 필요하기 때문에 곤충을 사냥하는 거랍니다.

정답 80 꼽등이

꼽등이는 메뚜기목 꼽등잇과 곤충이에요. 메뚜기, 귀뚜라미와 비슷하게 생겼어요. 꼽등이는 더듬이가 다른 곤충보다 훨씬 길고, 다리가 크게 발달해서 잘 뛸 수 있어요. 어둡고 습기가 많은 곳에 살아요. 오래된 건물의 지하실 등에서 종종 나와서 사람들을 놀래키곤 하지요.

둘이 닮았네!

메뚜기

내가 꼽등이!

귀뚜라미

문제 81

선 잇기

곤충에 대한 알맞은 설명을 찾아 선으로 이어 보세요.

나비

나방

- 앉을 때 날개를 펴요.
- 앉을 때 날개를 접어요.
- 낮에 움직여요.
- 밤에 움직여요.

보기 퀴즈

아래 곤충 중에서 어른벌레로 가장 오래 사는 곤충은 무엇일까요?

① **매미**

② **하루살이**

③ **잠자리**

정답 81

나비의 특징을 먼저 알아봐요! 나비는 날개가 밝은 편이에요. 몸이 얇고 더듬이가 곤봉처럼 생겼어요. 낮에 움직이며 꽃가루를 옮겨 식물의 수정을 도와요. 앉아 있을 때는 날개가 접혀 있지요.

나방은 날개가 어두운 편이에요. 몸이 두껍고 솜털이 나 있지요. 주로 밤에 활동하며 앉아 있을 때는 날개가 펼쳐져 있어 나비와 구별할 수 있어요.

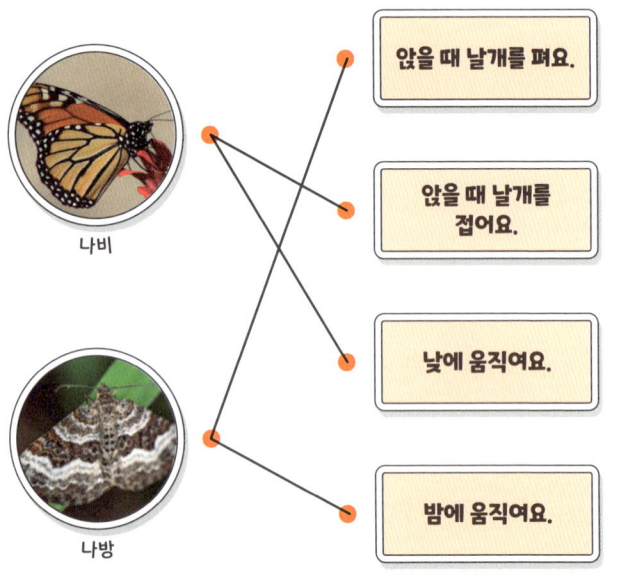

 **잠자리**

어른벌레로 가장 오래 사는 곤충은 잠자리예요. 잠자리 어른벌레는 1개월~1년 정도 산답니다. 매미는 애벌레로 약 7년 동안 땅속에 살다가 어른벌레가 되어 1~4주 살아요. 하루살이는 애벌레로 1~3년 정도 살다가 어른벌레가 되어 짧게는 1시간, 길게는 3일까지 살지요.

문제 83

보기 퀴즈

아래 곤충 중에 흡혈 곤충이 아닌 곤충은 무엇일까요?

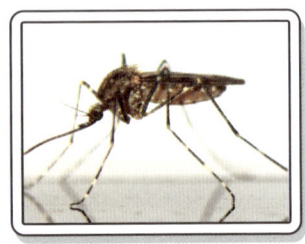
① **모기**

② **사마귀**

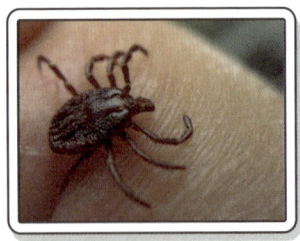
③ **진드기**

선 잇기

곤충은 먹이에 따라 입의 모양이 달라요. 알맞게 선을 이어 보세요.

나비

모기

메뚜기

피부를 찌르기 위해 뾰족해요.

입으로 갉아 먹거나 끊어 먹어요.

꿀을 빨아 먹어요.

  **사마귀**

모기(암컷)와 진드기는 사람이나 동물의 피를 빨아 먹고 살아요. 또 흡혈을 하는 곤충으로는 이, 빈대, 벼룩, 등에, 먹파리 등이 있어요.

사마귀는 육식을 하는 곤충이에요. 곤충뿐 아니라 개구리까지 먹어요. 시야도 넓고 다리가 빨라 사냥을 잘해요. 사냥의 명수라고 부르지요.

정답 **84**

나비의 주식은 꽃의 꿀이에요. 입이 평소에는 동그랗게 말려 있다가 꽃의 꿀을 빨아 먹을 때 길게 뻗어요.

사실 모기도 식물의 즙이나 꽃의 꿀 등을 먹어요. 암컷 모기가 산란기일 때만 단백질을 찾아 동물의 피를 먹는 거예요. 피를 빨려면 피부를 뚫어야 하기 때문에 뾰족한 톱날 형태의 입을 가지고 있답니다.

메뚜기의 주식은 벼와 밀 등 곡식이에요. 곡식을 갉아 먹고 씹기 좋게 턱과 입이 잘 발달해 있어요.

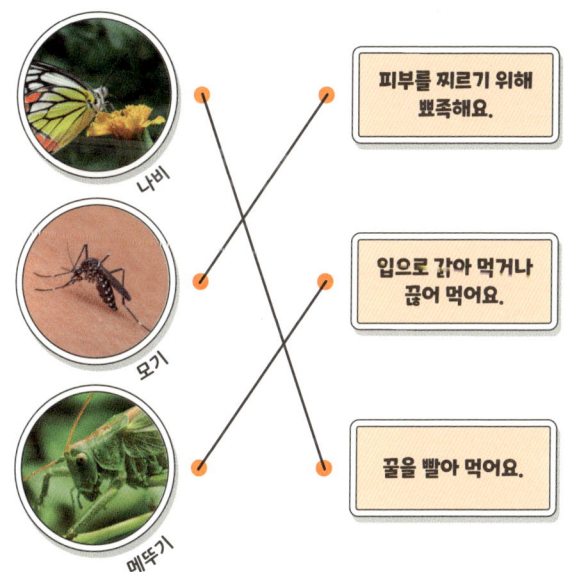

85

아래 곤충 중에 이름에 '비단'이 들어가는 곤충은 무엇일까요?

문제 86

보기 퀴즈

아래 애벌레 중에 무당벌레의 애벌레가 있어요. 골라 보세요!

어릴 적 내 사진이야.

우와~ 어마어마하셨네요!

①

②

③

② 비단벌레

비단벌레는 몸이 초록색이나 금색 등으로 빛나요. 천연기념물이자 멸종 위기 야생 생물 1급이에요. 옛날에는 비단벌레의 날개를 이용해 장신구를 만들기도 했어요.

1번 사진 속 주인공인 길앞잡이는 산에서 쉽게 볼 수 있는 곤충이에요. 몸이 빨간색, 금색, 초록색, 파란색을 띠어 알록달록하지요. 길을 걷다 보면 앞에서 급하게 날아가는 모습을 볼 수 있지요.

3번 사향하늘소는 천적이 다가오거나 위협을 느낄 때 강한 냄새를 뿜어요. 등이 초록색, 갈색, 검은색까지 다양해요.

 무당벌레 애벌레

매미, 잠자리는 알에서 번데기 과정을 거치지 않고 어른벌레가 되는 안갖춘탈바꿈을 해요. 하지만 무당벌레는 번데기 과정을 거쳐 어른벌레가 되는 갖춘탈바꿈을 해요. 1번은 누에나방 애벌레, 2번은 산호랑나비 애벌레예요.

무당벌레의 한살이

알 → 1령 애벌레 → 2령 애벌레 → 3령 애벌레 → 4령 애벌레 → 번데기 → 어른벌레

보기 퀴즈

꽃무지 중에서 날 자주 봤을 거야! 나는 초록색 몸에 갈색 털이 나 있어. 흰색 점도 있어서 다른 곤충이랑 쉽게 구별할 수 있지. 내 이름을 맞혀 봐!

1. **풀색꽃무지**
2. **빨간색꽃무지**
3. **보라색꽃무지**

보기 퀴즈

이 애벌레는 커서 기다란 뿔이 생겨요. 이 뿔은 수컷끼리 싸울 때 아주 유용한 무기가 됩니다. 이 애벌레는 자라서 어떤 곤충이 될까요?

① 사슴벌레

② 장수풍뎅이

③ 호랑나비

정답 87 ① 풀색꽃무지

빨간색꽃무지, 보라색꽃무지는 실제로 존재하지 않는 곤충이에요! 풀색꽃무지만 진짜랍니다. 초록색 몸에 흰색 점들이 나 있어요. 풀색꽃무지는 꽃을 너무 좋아해서 꽃밭에서 쉽게 찾을 수 있어요. 특히 흰색, 붉은색 꽃을 좋아한다고 해요. 7~9월에 만날 수 있어요!

나처럼 빛나는 꽃무지도 있어!

만주점박이꽃무지

 ## 장수풍뎅이

장수풍뎅이나 사슴벌레 애벌레는 1령 애벌레, 2령 애벌레, 3령 애벌레, 번데기 과정을 거쳐 어른벌레로 자라요. 장수풍뎅이 어른벌레는 머리에 긴 뿔이 나 있어요. 사슴벌레 어른벌레는 두 개의 큰 턱이 있지요. 3령 애벌레가 되면 머리의 생김새로 장수풍뎅이와 사슴벌레를 구별할 수 있어요.

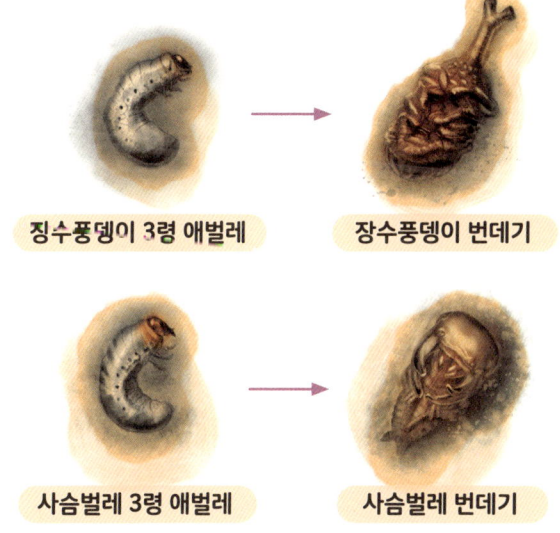

장수풍뎅이 3령 애벌레 → 장수풍뎅이 번데기

사슴벌레 3령 애벌레 → 사슴벌레 번데기

수수께끼

아래 사진을 보고 곤충의 이름을 맞혀 보세요!

_____

힌트

1. 흡혈 곤충이에요.
2. 옛날에는 머리에 이것이 많이 있었어요.
3. 이게 붙으면 가려워요.
4. 이름은 한 글자예요.

보기 퀴즈

아래 사진은 어떤 벌의 집이에요. 이 집의 주인은 어떤 벌일까요?

① **말벌**

② **호박벌**

③ **나나니**

이

이는 사람이나 동물에 기생하는 곤충이에요. 이 중에서 사람 머리 피부에서 피를 빨아 먹는 이를 '머릿니'라고 해요. 머릿니는 피를 빨아들일 뿐만 아니라 이런저런 질병을 옮기기도 해요. 머릿니가 있는 사람이 쓰는 빗과 수건 등을 사용하면 옮을 수 있어요!

  **말벌**

사진 속 집은 바로 말벌 집이에요. 말벌은 집을 나무 또는 바위, 땅속에도 만들어요. 다른 벌집처럼 육각형이 아니라 축구공 모양이에요. 호박벌은 땅굴 속에 벌집을 지어요. 나나니의 집은 특이해요. 대포 모양의 집이지요. 구멍 한 개에 알을 하나씩 낳아 길러요.

초성 퀴즈

이 곤충의 애벌레는 거품을 만들어 애벌레 기간 동안 거품 속에서 살아요. 아래 사진과 초성 힌트를 보고 곤충의 이름을 맞혀 보세요.

ㄱㅍㅂㄹ

 보기 퀴즈

아래 나비 이름 중에서 만들어 낸 이름이 하나 있어요. 가짜 나비를 골라 보세요!

1. **까마귀부전나비**
2. **얼룩말나비**
3. **사자나비**

거품벌레

거품의 정체는 무엇일까요? 바로 똥이에요! 거품벌레 애벌레는 식물의 즙을 먹고 난 뒤 똥을 싸는데, 그 똥이 거품 형태로 나와요. 이 거품을 집처럼 두고 안에 들어가서 사는 거랍니다. 사마귀도 산란할 때 거품 집을 만들어요. 그 속에 알을 낳지요. 잎에 붙은 거품은 따뜻한 봄에는 거품벌레의 집일 확률이 놓고, 선선한 가을에는 사마귀의 알집일 확률이 높아요!

거품벌레

 **사자나비**

까마귀부전나비와 얼룩말나비는 있어요. 하지만 사자나비는 없는 나비랍니다. 올빼미나비, 표범나비처럼 동물 이름이 들어간 나비를 더 찾아보세요! 88나비, 진주네발나비, 대리석나비 등 신기한 이름의 나비도 있어요!

얼룩말나비

까마귀부전나비

보기 퀴즈

가을이 되면 귀뚜라미가 귀뚤귀뚤 울어요. 귀뚜라미는 소리를 어떻게 내는 것일까요?

① **목에서 소리를 내요.**
② **날개를 비벼서 소리를 내요.**
③ **다리를 떨어서 소리를 내요.**

보기 퀴즈

이 곤충은 식물을 말라 죽게 만드는 진딧물들을 먹어서 농사에 도움이 돼요. 무엇일까요?

① **무당벌레**

② **배추흰나비**

③ **꽃매미**

 **날개를 비벼서 소리를 내요.**

귀뚜라미는 대표적인 가을 곤충이에요. 귀뚤귀뚤 하고 우는 귀뚜라미는 양쪽 날개를 비벼서 소리를 내요. 오른쪽 앞날개 안쪽에 톱니처럼 날카롭게 돌기가 나 있어요. 이 부분으로 왼쪽 날개의 바깥쪽을 비벼서 소리를 냅니다.

또 귀뚜라미는 수컷만 울 수 있어요. 짝짓기할 암컷을 찾거나 다른 수컷과 싸울 때 울어요. 기온이 높아질수록 더 자주 운다고 합니다.

① 무당벌레

농사를 망치는 진딧물들을 내쫓기 위해 친환경적인 방법으로 사용하는 곤충이 바로 무당벌레예요. 진딧물의 대표적인 천적이지요. 무당벌레는 빨간색 몸에 검은 점이 나 있는데, 검은 몸에 빨간 점이 나 있기도 해요.

익충으로는 누에, 꿀벌, 잠자리, 사마귀 등이 있어요. 해충을 잡아먹거나 실, 꿀 등 필요한 것을 만들어 주기 때문이에요.

보기 퀴즈

세계에서 가장 무거운 장수풍뎅이의 이름은 무엇일까요?

① **코끼리장수풍뎅이**
② **기린장수풍뎅이**
③ **하마장수풍뎅이**

이 곤충은 몸이 빨간색이라서 이런 이름이 붙었어요. 암컷은 노란색을 띠기도 해요. 이 암컷을 '메밀잠자리'라고 불렀대요. 알맞은 퍼즐 조각을 골라 보세요.

① 코끼리장수풍뎅이

코끼리장수풍뎅이(악테온코끼리장수풍뎅이)는 세계에서 가장 무거운 장수풍뎅이예요. 열대 우림에 서식하는 장수풍뎅이로 가장 큰 어른벌레의 길이가 무려 13센티미터가 넘는다고 해요.

애벌레의 무게는 200그램, 어른벌레의 무게는 70그램 정도라고 합니다. 엄청난 크기로 인기가 많은 장수풍뎅이예요.

기린장수풍뎅이와 하마장수풍뎅이는 실제로는 존재하지 않아요.

퍼즐의 주인공은 고추잠자리예요. 암컷뿐만 아니라 다 자라지 않은 수컷 고추잠자리도 노란색을 띠어요. 고추잠자리는 우리나라, 일본, 중국, 인도까지 아시아에서 흔히 볼 수 있는 잠자리예요.

선 잇기

곤충에 대한 알맞은 설명을 찾아 선으로 이어 보세요.

- 애벌레의 이름은 장구벌레예요.
- 애벌레의 이름은 며루예요.
- 동물의 피를 빨아 먹어요.
- 식물의 수액을 먹고 살아요.

모기

각다귀

문제 98

OX 퀴즈

소똥구리는 항상 똥을 동그랗게 굴린다!

O X

네가 생태계에서 중요한 역할을 한다며?

영차영차!

정답 97

장구벌레는 모기의 애벌레를 말해요. 모기는 덥고 습하며 물이 고여 있는 곳에 알을 낳아요. 장구벌레는 수서 곤충이나 물고기들에게 필요한 먹이가 돼요.

며루는 각다귀의 애벌레예요. 각다귀는 파리목에 속하는 곤충이에요. 모기랑 비슷하게 생겨서 '왕모기'라는 별명도 있어요. 각다귀는 꽃의 꿀이나 썩은 식물 등을 먹어 생태계에 여러모로 도움이 되는 곤충이에요.

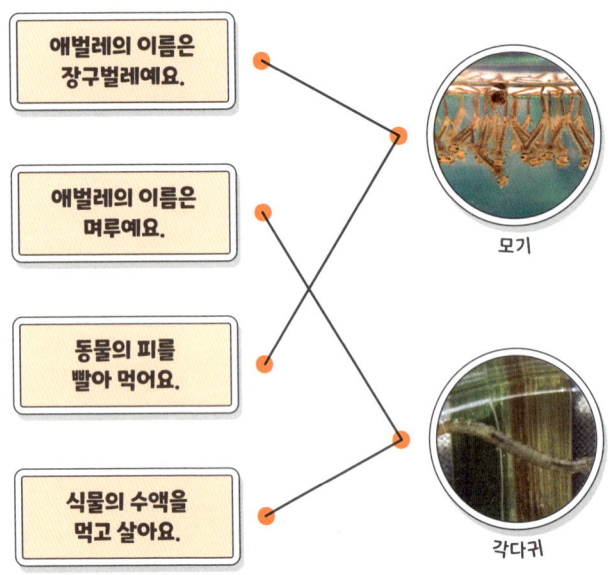

애벌레의 이름은 장구벌레예요.

애벌레의 이름은 며루예요.

동물의 피를 빨아 먹어요.

식물의 수액을 먹고 살아요.

모기

각다귀

정답 98 ✗

소똥구리는 평상시에 똥을 동그랗게 굴려요. 하지만 산란할 때가 되면 똥 모양을 위가 볼록한 서양배 모양으로 만들어요. 배 모양으로 굴리는 이유는 알을 낳기 위해서지요. 위쪽에 알을 낳아요. 알에서 태어난 애벌레는 똥을 먹으며 자란답니다.

소똥구리의 한살이

아래 사진과 초성 힌트를 보고 곤충의 이름을 맞혀 보세요.

ㄸㄱㅇㅈ

힌트

1. 땅속에 굴을 파는 메뚜깃과 곤충이에요.
2. 멍멍! 하고 짖는 동물은?

보기 퀴즈

나는 벌 중에서 귀여움을 맡고 있지! 꽃에 꿀을 빨 때면 다들 내 엉덩이(배)를 보고 좋아해. 내 이름을 맞혀 봐!

① **호박벌**
② **키위벌**
③ **망고벌**

땅강아지

땅강아지는 메뚜기목 땅강아짓과 곤충이에요. 앞다리가 삽 모양이라서 땅굴을 잘 팔 수 있어요.

대부분 땅속에서 생활하지만 땅 위로 나오기도 해요. 먹이로는 식물의 뿌리나 지렁이도 먹어요. 메뚜기처럼 땅강아지도 소리를 내는데, '또르르' 하고 내요. 또 지렁이처럼 땅속을 헤집고 다니면서 흙을 비옥하게 만들지요.

→ 삽 모양

① 호박벌

호박벌은 벌 중에서 날개가 작고 몸집이 통통한 벌이에요. 배 부분이 커서 꽃에 머리를 파묻고 배는 꽃잎에 걸쳐 두어요. 몸에 꽃가루를 묻히고 여기저기 돌아다니지요. 씨를 멀리 날려야 하는 꽃에게는 최고의 곤충이라고 할 수 있어요. 하지만 기후 변화와 살충제 사용 등으로 호박벌의 개체 수가 꾸준히 줄어들어 멸종 위기 생물이 될 위험이 크다고 합니다.

몇 문제나 맞혔나요?!

100문제나 풀다니 정말 멋진걸요? 몇 문제 맞혔는지 개수를 세어 보세요. 적게 맞혔어도 괜찮아요! 퀴즈로 다양한 곤충 친구들과 친해졌기를 바랄게요. 안녕! 다음에 또 만나요!

개

노력했군요! 퀴즈를 열심히 풀어 주어서 고마워요. 좋아하는 몇몇 곤충에 대해서는 잘 알고 있군요. 문제를 풀면서 신기하고 재미난 곤충이 있지 않았나요? 다른 곤충이랑 더 친해져 보면 어떨까요?

잘했어요! 곤충 책을 열심히 읽는 친구군요! 꽤나 다양한 곤충에 대해 알고 있네요. 가족, 친구에게 곤충 지식을 뽐내도 되겠어요.

굉장해요! 곤충 박사가 틀림없어요! 곤충의 생김새와 먹이, 습성, 생태에 대해서도 잘 알고 있는 친구네요. 혹시 미래의 파브르 박사를 꿈꾸고 있지 않나요? 친구의 멋진 꿈을 응원할게요!

도움받은 자료

- 검정꼽등이, 땅강아지, 메뚜기, 소똥구리, 여치, 원산밑들이 [김건혁, 국립생물자원관]
- 된장잠자리 [정광수, 국립생물자원관]
- 땅강아지 [김태우, 국립생물자원관]
- 물땡땡이 [김명철, 국립생물자원관]
- 물장군 [현진오, 국립생물자원관]
- 사슴풍뎅이 [백문기, 국립생물자원관]
- 소똥구리 [김기경, 국립생물자원관]
- 밤바구미, 붉은점모시나비, 왕소등에, 왕소똥구리, 장구애비 [국립생물자원관]
- 애기뿔소똥구리 [변혜우, 국립생물자원관]
- 장수하늘소 [최원영, 국립생물자원관]

- 가위개미 [Pjt56, sam may]
- 갈색거저리 [Donald Hobern]
- 개미귀신 [Scott Robinson]
- 개미귀신 집 [Pollinator]
- 거품벌레, 나방파리, 여왕개미 [Katja Schulz]
- 공벌레 [Melissa Mcmasters, Larry Jacobsen]
- 광대노린재 [Yasunori Yamamoto]
- 길앞잡이, 꼬마잠자리, 장수말벌 [Alpsdak]
- 까마귀부전나비, 나나니벌 [Jerzy Strzelecki]
- 꼬마장수말벌 [urasimaru]
- 꽃무지 [Chrumps]
- 꿀단지개미 [avilasal, Greg Hume]
- 꿀벌 [Apis mellifera, Dr. Raju Kasambe, Siggi Weide]
- 나나니벌 집, 자나방 [gailhampshire]
- 나뭇잎벌레 [Doublebears, Drägüs Phyllium, Pavel Kirillov]

- 낙엽사마귀 [Bernard DUPONT, Jpogi]
- 노린재 [Hectonichus]
- 누에나방 [CSIRO, Nikita]
- 대눈파리 [Jojo Cruzado, Thomas Shahan, Vengolis]
- 매미 탈피 껍질 [lb]
- 머릿니 [Gilles San Martin]
- 먼지벌레 [Dimitar Boevski]
- 며루 [Bob Henricks]
- 무당개구리 [Laurent Lebois]
- 무당거미 [Subir]
- 밀웜 [Rasbak Tenebrio]
- 바구미 [Mick Talbot]
- 방아깨비 [KKPCW, Syrio_Acrida]
- 번데기 [Charles Haynes]
- 벌 [Roy Egloff, Terry Lucas]
- 불나방 [Temple of Mara]
- 불나방, 된장잠자리 [Charles J. Sharp]
- 비단벌레, 톱사슴벌레 [Daiju Azuma]
- 사마귀 [Manaska Mukhopadhyay]
- 사슴벌레 애벌레 [Mariafremlin]
- 산호랑나비 [James St. John]
- 소똥구리 [Fritz Gelle]
- 쌀바구미 [Olaf Leillinger]
- 암컷 사슴벌레 [Lucanus]
- 애사슴벌레 [m-louis]
- 자벌레, 진드기 [John Tann]
- 장구벌레 [James Gathany, NIAID]
- 장수말벌 [LiCheng Shih, Yasunori Koide]
- 장수잠자리 [Rosenzweig, Ude]
- 장수풍뎅이 [Alpsdake Allomyrina, Andrew Biks]
- 장수풍뎅이 애벌레 [ElHeineken]
- 장수하늘소 [Anaxibia, Christian Ferrer]
- 초파리 [Sanjay Acharya]
- 총알개미 [Egor Kamelev]
- 큰조롱박먼지벌레 [gbohne, Siga]
- 폭탄먼지벌레 [Len Worthington]
- 호리병벌 [Graham Winterflood, Pahazzard, Rama Warrior]

※ 위키미디어 커먼즈 및 플리커 자료입니다.

그림 구연산

대학에서 만화예술을 공부했으며, 프리랜서 일러스트레이터로 활동하고 있습니다. 그린 책으로는 《TV생물도감의 희귀한 생물 대백과》, 《정브르가 알려주는 곤충 체험 백과》, 《봄·여름·가을·겨울 숲속생물도감》 등이 있습니다.

풀수록 똑똑해지는

1판 1쇄 펴낸 날 2023년 8월 25일
1판 2쇄 펴낸 날 2024년 3월 27일

지은이 신기한 생각 연구소
그림 구연산

펴낸이 박윤태
펴낸곳 보누스
등록 2001년 8월 17일 제313-2002-179호
주소 서울시 마포구 동교로12안길 31 보누스 4층
전화 02-333-3114 **팩스** 02-3143-3254 **이메일** viking@bonusbook.co.kr
블로그 http://blog.naver.com/vikingbook **인스타그램** @viking_kidbooks

ISBN 978-89-6494-649-7 72490

바이킹은 보누스출판사의 어린이책 브랜드입니다.

• 책값은 뒤표지에 있습니다.